小山 正 Koyama Tadashi

言語
Language Development
発達

ナカニシヤ出版

はじめに

　発達の「連続性・非連続性」の問題は非常に興味深い。また，発達における安定性（stability）は，連続性・非連続性とも関連している。筆者は，「初期の言語発達」のテーマの下に，本書を書き進めるなかで，さらにこの問題を考えさせられた。生後2年目から3年目にかけて，子どもの言語は飛躍的に発達する。この時期の子どもを観察していると，多様性（variation）があり，それをいかに理論的に説明できるのかが課題である。

　近年，欧米では，言語発達に関して多くの研究が集積され，その動向は大きく変化してきている。特に，初期の言語発達研究は量的に増大し，着実に成果が示されてきている。その一方で，発達心理学において古くて新しい問題である 'nature vs nurture' から発展した新たな理論化への試みがなされており，人間発達における複雑性や創発性をめぐって，コンピューターシミュレーションの方法も加わり，興味深い議論が展開している。

　本書は，定型発達の子どもの言語発達の興味深い様相を，言語発達の著しい生後3年間あたりを中心に，発達心理学的立場から，できる限り，近年の国際的な研究動向や資料を踏まえて示すことを目的とするものである。

　書店に並ぶ言語発達に関する著作や翻訳書も増加している。一方，言語発達臨床から見ると，ダイナミックシステムズ・アプローチ（A Dynamic Systems Approach）の言語臨床への適用など，少しずつ新たな方向で研究は進んできているが，集積されてきた言語発達の事実と発達の理論との統合が必要である。また，欧米では，定型発達の子どもと障がいをもつ子どもの発達的軌跡（trajectory of development）を分けて考えているのが現状で，両者の突合せも必要な作業である。

　本書では，各章の随所に，筆者のこれまでの臨床的研究から重要と考える課題を検討する資料を盛り込むことにより，発達的観点からことばの遅れた子どもへの臨床にも結びつく形でまとめることを試みた。今後，言語発達研究と臨

床を結びつける足場として，本書が役立てばと思う。ことばの遅れた子どもの発達支援にも参考にしていただけるものと考える。

2018 年 6 月 5 日

小山　正

目　　次

はじめに　　i

第1章　前言語期の発達 ——————————————————— 1

1. 前言語期における認知発達　　1
2. 前言語期における「物との世界」と「人との世界」　　2
3. 物に関わる力が発生する条件　　4
4. 対象の表現性　　5
5. 意図的伝達行為の出現　　7
6. 言語学習とその足場作り（scaffolding）　　10
7. 対人的文脈における「場の構造化」　　13

第2章　指さし行動の発達的意義 ——————————————— 15

1. 人間に固有な指さし行動　　15
2. 指さしの出現とその発達をめぐって　　16
3. 重度の知的障がいのある子どもの遠距離指さし出現の背景にある発達　　17
4. 対物活動との関連　　18
5. 指さし行動とクレーン現象に見る認知発達の差　　21

第3章　言語学習の認知的基盤 ——————————————— 25

1. 乳児のもつ初期の認知能力　　26
2. 生得性と領域固有性　　27
3. コア認識　　28
4. 身体化された認知　　28
5. 言語に組み込まれた時空間モデル　　30

6. ダウン症，ウィリアムズ症候群の子どもの言語発達研究から　30

7. 神経構成主義　31

8. ダイナミックシステムズ・アプローチ　32

9. 基盤主義　33

第 4 章　初語出現期の発達　　35

1. はじめに　35

2. 初語期の発達　37

3. 初語出現期の特定　38

4. 理解と産出に見られるずれ（asymmetry）　41

5. 自閉スペクトラム症の子どもにおける原言語期の発達から　43

第 5 章　1 語発話期の発達　　47

1. 物の名称の獲得—語と対象とのペアリング　47

2. 内的状態語・心的状態語の発達　48

3. 空間語彙の発達　50

4. 動詞の学習　52

5. イメージスキーマと動詞の獲得　54

6. 身振りと表出言語との関係　55

第 6 章　ボキャブラリースパートをめぐって　　59

1. 1 語発話期後半における語彙の急増　59

2. 言語的発達と意味や概念化　62

第 7 章　シンタクス，語結合の発達　　65

1. 2 語発話の出現　65

2. 統語の発達—ブートストラップ仮説　67

3. 語と身振りの結合　68

4. 2 語発話の発達と他者認識　69

5. 養育者の発話との関係　71

目　次　v

第 8 章　言語発達における個人差・発達スタイル ———————— **75**

　1.　言語獲得初期に見られる個人差・発達スタイルをめぐって　75

　2.　指示型・表現型再考　77

　3.　言語発達過程における個人差・発達スタイル　79

　4.　多様性の問題　82

　5.　言語発達過程における複雑性を示す個人差　84

第 9 章　他者の心の理解の発達と言語学習 ———————— **87**

　1.　「心の理論」の発達　88

　2.　「心の理論」と言語学習に関する近年の研究動向　91

　3.　乳児期からの他者理解の発達　92

　4.　like me 仮説　94

　5.　他者の心の理解の基礎としての，対人・社会的表象　95

　6.　養育者の言語—マインド・マインディドネス　96

　7.　他者や自己の情動を反映する ToM　97

　8.　おわりに　98

第 10 章　言語と思考 ———————————————— **101**

　1.　言語と思考との関係　101

　2.　意味的経験と言語的思考　102

　3.　言語の内面化　103

　4.　内言の発達に向けて　104

　5.　言語が思考を決定しない　107

あとがき　109

文　　献　111

索　　引　123

第1章
前言語期の発達

1. 前言語期における認知発達

　前言語期 (prelinguistic period) の発達において，定型発達の子どもでは，生後9か月から10か月頃が言語獲得の基盤として質的に大きな変化の様相が見られるとしてこれまで注目されてきた (Tomasello, 1999)。1990年代から，乳児研究は，言語に対する新生児の注意が非常に偏っているという事実の集積から，言語獲得に関する領域固有論 (domain-specific hypotheses) を支持してきた (Karmiloff-Smith, 1992)。カーミロフ-スミスによると，注意の選好 (preference) とある生得的な傾向によって，子どもは，母国語のある特徴に敏感であるといった言語関連入力に注目し，時間をかけて領域固有な言語表象を構築していく。初期の感受性は，その子どもの母国語の適切な構造の漸進的な選択と安定化に寄与するとカーミロフ-スミスは述べている (Karmiloff-Smith, 1992)。

　前言語期の発達をとらえるうえで，筆者は「象徴機能の発達」と「コミュニケーション行動の高次化」という2つの観点を重視してきた (小山, 2009)。これらの発達を問題にするとき，子どもの認識（認知）の発達に焦点が当てられる。子どもの認識の発達に関して，ピアジェ (Piaget, 1970) は，「認識は，主体と客体との中間に生じる相互作用，したがって，同時に両方に属しているのだ。しかし，それは，はっきりとした形のもの同士の相互作用によるのではなく，完全に未分化であることによるのである」（邦訳書，p.19）と述べている。

　今日，発達理論の構築において，脳，神経系 (neuro) の発達との関連で検討がなされてきているなかで，ピアジェの「発生的認識論」がその基礎になっているといっても過言ではない。生後2年間を感覚運動期 (sensorymotor period）とピアジェは名付けた。感覚運動期の末期から，子どもは組織的に言語を獲得し始める。ピアジェは，感覚運動期をさらに6つの下位段階に分けた。

　感覚運動期の発達は，シェマが「多様化」し，シェマ間の「協応」（coordination）「内面化」（internalization）「組織化」（organization）を繰り返すことにより，新たな「構造」をもったシェマの段階へと発展する。シェマとは，「もろもろの活動の構造ないし組織，すなわち，似たような種々の状況でこの活動が反復されるたびに転移されたり，一般化されたりするような，構造ないし組織のことである」（Piaget & Inhelder, 1966）。ファースによると，ピアジェの考えるシェマとは，「適応的な動作の協調であり，組織化」で，「生活体内にある行動的構造」と考えられている（Furth, 1969）。乳児が，シェマをいろいろな対象（物）に適用していく「同化」と，シェマを適用していく過程でシェマ自身が修正される「調節」の働きの「均衡化」によって，知的発達がもたらされ，外界との関わりにおいて子どものシェマが多様化し，シェマの間に協応が進み，内面化して，新しい構造をもったシェマである「表象」（representation）が形成される。ピアジェの発達理論から，ある時期の子どもの発達の「構造」は，それ以前の構造を含み，発達段階に応じた多様な経験が子どもの行動発達にプラスに働くといえよう。また，フィリッピらは，ピアジェのいう同化，調節，そしてそれらによる均衡化を脳が全ての認知活動に適用するというピアジェ理論の今日的解釈をしている（Filippi & Karmiloff-Smith, 2013）。

　今日では，このようなピアジェ理論から発展し，身体性認知（embodied cognition），イメージスキーマ（image schema）といった点が注目され，言語獲得との興味深い関連性が示されてきた（Johnson, 1987; Mandler, 2004; McCune, 2008）。イメージスキーマは，マッキューン（McCune, 2008）によると，「われわれの経験に統一性と構造を与える知覚と運動プログラムの力動的パターンを繰り返すものである」（邦訳書，p.143）。この点については，第3章，第5章で取り上げる。

2.　前言語期における「物との世界」と「人との世界」

　ピアジェ理論において，特に感覚運動期では，シェマの発達過程の社会的基

2. 前言語期における「物との世界」と「人との世界」

盤の問題が看過されていることはよく指摘されている。それに対して，ウェルナーとカプランは，シンボル形成過程の構成要素の一つに聞き手としての「人」を含めている（Werner & Kaplan, 1963）。象徴機能の発達過程では，身近な大人との子どもにとっての個人的な意味（筆者は子どもにとっての「意味あるもの」と呼んできた）が表象化され，シンボル（象徴）で表されるようになる。

一般に「三項関係」の形成といわれるように，子どもは，人を介して物と交わり，物を介して人と交わる（やまだ, 1987）。三項関係の形成はことばの獲得の基礎であると考えられてきた。カラーらは，英国，ウガンダ，そして野生のチンパンジーの母子での共同注意の比較文化的研究結果から，チンパンジーでは，三者関係での注意の共有は見られるが，頻度が少なく，三項関係的な場面での遊びも少ないと報告している（Kaller et al., 2014）。ホモ・サピエンスは，物 – 人 – 子どもの「三項関係」を進化的に発達させてきたと考えられる。そして，ヒトは，三項関係から学習する能力を発達させ，生後 9, 10 か月頃からそれを示し始める。

わが国では，村井（1987）が，人間を取り巻く世界は大きく「物との世界」と「人との世界」に二分できるとし，定型発達では，生後 9, 10 か月頃に両者の関係が統合されて言語学習の基礎としての「象徴機能」が形成されることを指摘している。障がいのある子どもでは，物との関係と人との関係の統合に比較的時間を要することが多い。彼らの人との関係と物との関係に着目し，両者が統合されてくるプロセスにおける子どもと他者との関係性に注目することは，近年の前言語期に関する研究の焦点になっているともいうことができ（Legerstee, 2005），物との世界と人との世界の統合化は，この時期にある子どもの発達をとらえるうえで重要である。

ピアジェによると，生得的な反射を繰り返し行使し（機能的同化），適用される物の数が増えていくこと（般化的同化）によって，物の違いが弁別できる

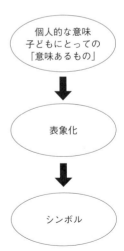

図 1-1 子どもにとっての「意味あるもの」からシンボルへ

ようになる（再認的同化）。第2段階（生後3〜4か月頃）では，自分の身体に限定した感覚運動の繰り返し（手の開閉や手を口にやって吸う，同じ音声の発声の繰り返しなど）が出現し，このような行為を第1次循環反応とピアジェは呼んだ。循環反応は行為のなかに物が取り入れられる第2次循環反応，物を取り入れ同じ反応を繰り返しながらも行為の適用範囲や動作をいろいろ変えてみるといった第3次循環反応へと発達する。循環反応における知覚・行為的なフィードバックは，自身の声を聴くことへの反応としての調音的な動作を，子どもがモニターして調節することにつながるといわれている（Brooks & Kempe, 2012）。

3. 物に関わる力が発生する条件

　浜田・山口（1984）が指摘しているように，「物」（対象）に関わる力がどのようにして子どもに芽生えてくるのかについては今日においても十分に示されていない。この問題は，考えれば考えるほど興味深い。「物との世界」がまだ広がりを見せていない段階では，養育者を中心とした人との「二項関係」（dyad）において，揺さぶり遊びやあやし遊び，身体的接触などによる情緒的交流を通して，人との関係を深化させていく過程があり，それによっていっそう子どもの外界への志向性（intentionality）が引き出され，二者のやりとりのなかに物が介在するようになり，物に関わる力が育ってくる。対物関係，対人関係，対自己関係の絡みのなかに，物に関わる力が発生する条件があると考えられる（小山, 2001）。この点については，障がいのある子どもの発達から明らかにされてきている（浜田・山口, 1984; 小山・神土, 2004）。

　他者との情緒的交流を基盤に外界への志向性が高まり，養育者が差し出す物を注視したり，手にするようになり，また手にした物を眺めたり，口に入れたりするようになる。そして，このような発達と言語発達との関連が近年，新たな観点から提示されている。さまざまな形態の物を口に入れて口による探索（mouthing）をしながら発声することで，音と形の対応が生まれることが示されている（Bernardis et al., 2008）。

　目と手，手と口の協応動作が成立すると（ピアジェの感覚運動期では，第2

段階にあたる），次には，物への到達行為（リーチング）が発達し，子どもは周りの世界に積極的に働きかけるようになる。繰り返しガラガラを振るなどの第2次循環反応が活発になる。視覚障がいのある子どもでは，見える物への手伸ばしの出現は遅れるが，音を出す対象への到達行為は定型発達の子どもと差がなく，聴覚と手の協応動作は成立する。しかし，聴覚刺激に対する子どもの受動性によって，生後6か月頃には聴覚と手の協応動作は消失するといわれている。言語表出の基礎となる喃語の発達と第2次循環反応との関連は古くから指摘されてきた。

　物を取る行動の発達とともに，物に対する手操作シェマが発達し，物が物として存在するという物の概念が形成され，生後9か月頃にその物の姿が見えなくなってもその物は存在しているという「物の永続性」（object permanence）が確立する。それによっていっそう物への探索的行為が増加し，次第に手操作シェマがその物へ特殊的に適用され始める。これらのシェマは発達初期から見られるものもあり（たとえば，口に入れることなど），さまざまな物に対して，無差別に適用される時期が見られ，しだいに物の特性をとらえ，選択的に使用されるようになる。また，子どもが扱う特定の対象に合わせようとする試みから生じてくるシェマもある。言語発達との関連では，ラロンデらが，物の永続性の認識と音韻理解との関連を指摘している（Lalonde & Werker, 1995）。このようなプロセスを経て，定型発達の子どもでは1歳前後にその物の用途に合致した扱い方（物の慣用的操作）が発達し，それと平行して最初の有意味語が出現する。

4. 対象の表現性

　物への志向性に加えて，物との関係で注目されるのが，「対象の表現性」である。マッキューン（McCune, 2008）は，対象（物）の表現性への感受性は，象徴的意味の構成を可能にする人間の本質であると指摘する。「対象の表現性」ということばは，元々，ウェルナーとカプラン（Werner & Kaplan, 1963）が用いたものである。それは，「見たり聞いたりするもののなかに経験される表現的様相」と定義されている（Werner & Kaplan, 1963）。ウェルナーらは，「力

動的 - ベクトル的特性，相貌的知覚，リズム等は，幾何学的 - 技術的特性と同様，私たちが知覚経験する対象や事象に本来的な属性なのである」としている。そして，この対象の表現性への「超越性」（表現的性質が全く異なった事物や事象のなかに現れてくる）が，言語表現における直喩や隠喩，アナロジーなどの形成をうながすと，ウェルナーらは主張する。しかし，この表現的類似性だけでは象徴は形成されず，対象指示への志向性が必要であるとウェルナーら（Werner & Kaplan, 1963）は述べている。

　ピアジェは，感覚運動期から感覚運動的行為が「内面化」し，概念化された活動との間に見られるずれに注目している。ファースによると，ピアジェは「内化」と「内面化」とを区別しており，「内化」は協応（協調）の形が外面的働きかけの特徴の内容から分離することで，内面化は，外面に現れる運動が模倣や言語のようにしだいに外に現れないものになり，象徴に達するものであるとしている（Furth, 1969）。その過程では，自己と対象との分化があり，それには主体と対象との間に継起的な媒介物が必要であるとしている（Piaget, 1970）。ピアジェのいう主体の活動と対象の活動がうまく分化していない前言語期に，その媒介物として「対象の表現性」は注目される（小山, 2015a）。

　そして，物への志向性は，物が持つ子どもの興味の部分をもとに，養育者との対象の共有関係のなかで高まって，それは子どもにとってのその対象の意味

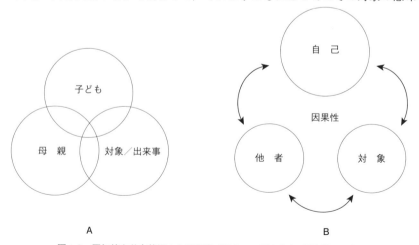

図1-2　原初的な共有状況からの発達（McCune, 2008 小山・坪倉訳, 2013）

形成につながる（Werner & Kaplan, 1963, 図 1-2）。

5. 意図的伝達行為の出現

　新生児の表情の模倣は（わが国では共鳴動作と呼ばれている），早期からの社会的認知能力をヒトの赤ちゃんがもっていることを示している。コミュニケーション行動は誕生後間もなくから始まり，そこに生後 1 年間の発達によって，象徴機能が関わるようになり，乳児の伝達行為はしだいに慣用化し，ことばの世界へと乳児は入っていく。

　トマセロ（Tomasello, 1999）は，「9 か月革命」と呼んで，生後 9 か月頃が他者理解における一つの質的変化の時期として注目している（表 1-1）。この時期には，外界のある側面への子どもの注意を他者の注意と協応させる「共同注意」（joint attention）が発達し，それまでの人との関係に物が持ち込まれ，子どもの伝達意図がはっきりと周りの大人に見てとれるようになる。すなわち，ベイツら（Bates et al., 1979）のいう「聞き手効果段階」から「意図的伝達段階」への移行である。さらに，自他の認識の発達により，役割交替が伴ったバイバイの模倣ができるなど，目にした通りの模倣ではなく，自分がするときには，手のひらを相手に向けて主体的に行うことができるようになる（役割反転模倣）。また，この頃から，「子どもと物」と「子どもと人」との関係の統合，高次化のなかで象徴機能（「意味されるもの」と「意味するもの」との分化）が発達する。

　子どもが目指す目的，たとえば，欲しい物があって，そばに大人がいるような状況を考えてみると，生後 6 か月ぐらいの赤ちゃんでは，一生懸命，手を伸ばして取ろうとする。取れないと叩いたりむずかったりして結局あきらめてしまう。生後 9, 10 か月ぐらいになると，自分では達成できないとき，そばにいる大人に働きかけるようになる。大人の顔を注視するとか，声をかけるとか，

表 1-1　9 か月革命（Tomasello, 1999）

- ・共同注意フレームの確立（共有する，知らせる，要求する）
- ・伝達意図の理解
- ・役割反転模倣

手を伸ばすとか，大人に意図を示すように働きかける。ベイツは，このような
コミュニケーションの取り方の変化を，「意図的伝達行為の出現」と呼んでいる。
そして，意図的伝達行為出現の前提として，一定の認知発達が必要であると述
べている（Bates et al., 1979）。逆にいうと，意図的伝達行為がまだ見られてい
ない子どものなかには，ピアジェのいう感覚運動期の下位段階第4段階におけ
る，ある特定の認知発達がまだ十分に育っていない子どもがいるということで
ある。

　これまでの言語発達研究では，このような生後9, 10か月あたりに出現して
くる意図的伝達行為が，周囲で語られることばの学習の基礎にあると考えら
れている。子どもは，問題解決したいときに，そばにいる大人にその物を渡す
（ギヴィング），あるいは物を見せる（ショウイング），そして，指さして伝える
といった意図的伝達行為によるコミュニケーションが，ことばの獲得の基盤と
なる。

　意図的伝達行為における手段とその認知的前提については，コミュニケーシ
ョン行動の高次化の前提にどのような認知的発達が考えられるのかという点は
これまでかなり明らかにされてきた（小山, 2009）。特に物の永続性や目的と手
段との関係の分化などの認知発達があって，ショウイング，ギヴィング，指さし，
そしてクレーン現象というコミュニケーション手段が見られるということがわ
かっている（Bates et al., 1979; 小椋, 1999）。意図的伝達行為が見られて，物と
物との関係づけ，目的－手段の分化，物が物として存在することを理解し，手
指操作がさらに分化，発達，定着し，子どもが能動的に変化をつけて，興味あ
る結果を繰り返す第3次循環反応的な対物活動が盛んになるなかで，クレーン，
ショウイング，ギヴィング，指さしが発達し，伝達手段に組み込まれていくと
考えられる（小山, 2009）。

　「クレーン現象」というのは，目的を達成しようとするときの手段のひとつで，
側の大人の手や衣服をつかんでその物の所まで持っていく。ことばが遅れてい
る子どもたちのなかには，そのときに大人の顔をあまり見ないので，道具的に
使われているように見えるコミュニケーションの取り方である。クレーンも自
分一人でするわけではなく，人との関係性，人を介在させて自分の目的を達成
しようとしている。したがって，クレーン現象を問題行動ととらえる人もいる

が，発達的に考えれば，人との関係性はもてているといえるのである。しかし，「自閉スペクトラム症」（Autism Spectrum Disorders）の子どもの前言語期からよく見られるクレーン現象の場合には，認知発達における困難さが反映されていると考えられる。また，小山（2009）は，クレーン現象で前言語的伝達を行う事例における手指機能の発達の遅れや物の細部の探索の発達との関連性を指摘している。

　一方，「コミュニケーション行動の高次化」という点から前言語期の定型発達の子どもの発達を見ていると，子どもの自発的なシンボル活動が展開する以前に大人の動作の記号性を理解していく。大人の指さす対象を見たり（指さし理解），大人の「ちょうだい」に渡したりすることができるようになる。最初は大人のこのような動作的働きかけの「協約性」（Bates et al., 1979; 岡本，1982）を子どもはとらえきれないようで，子どもなりの反応を示す。

　筆者は，大人の指さしへの乳児の反応について一人の子どもを生後4か月から原則的に毎日，縦断的に観察したことがある（小山，1994）。生後5, 6か月になると，大人の働きかけを妨害と感じたり，顔をじっと注視したりする（指さす大人が替わっても同様の反応を示す）。それがしだいに大人の動作的働きかけ（ここでは指さす行動）の協約性が認識されるようになる。このような大人の働きかけの記号性の理解の発達は大人との共同活動の過程での共同注意の発達によって達成されていくものだろう。共同注意は，三項関係の形成とその安定化とともに見られる，言語学習の認知的基盤や後の他者の思いや信念を類推できる「心の理論」（Theory of Mind）との関連で注目されてきた。

　この時期においては，物と人との関係で形成される表象的なもの，人との関係で育つ「意味あるもの」があり（小山，2009），それと情緒・動作のレベルで形成されてくる表象のようなものがある時期に絡まったとき，子どもはシンボルの世界に入っていくようになるのではないかと考えられる。社会的認知の発達の遅れが指摘される自閉スペクトラム症の子どもの場合，人との関係のなかで発達する子どもにとって，「意味あるもの」が形成されにくく，またそれを表現の素材として対象化していくうえでつまずいている子どもが多いのもその現れであろう。

6. 言語学習とその足場作り（scaffolding）

　言語的な形態が言及する内容や指示物を特定する能力の発達は共同注意の能力に依存しているとされている（Brooks & Kempe, 2012）。子どもの発達の状態に合わせて子どもの共同活動を支える養育者の活動を「足場作り」（scaffolding）という。足場作りのなかで子どもの側にどのような能力が育っているのだろうか。先述した三項関係の形成について見ても，この時期に人との関係が育ってくるのではなく，大人と子どもの二項関係は誕生後既に始まっており，物だけで遊んでいるように見えても，子どもには，大人（養育者）の存在は自分と一体的なものとしてとらえられ，自己と重なり合ったものとして母親は存在していると考えられる（鯨岡, 1989）。やまだ（1987）が述べているように，物へのリーチング（到達行為）が発達し，子どもの対物操作活動がそれまでよりもよりいっそう盛んになり始める。大人の存在は意識していないように見える。しかし，その場から大人がいなくなると子どもは不安になり，物で遊ぶどころではなくなる。

　子どもと人との関係は，定型発達の子どもの発達から見ると，物へ子どもが積極的に関わる前段階において後のコミュニケーションの基礎ができていると考えられる。対物活動が発達する以前から子どもは伝達的なサインを他者に発信し，それに対する応答を期待している。生後9か月前後には，対物活動と対人活動が発展してくる過程で注視や発声に加えて，ギヴィング，ショウイングに代表される物を媒介とした伝達を行い始める。

　ショウイングやギヴィングは，そばにいる他者の注意を引く行為（注意取得行動：attention getting behavior）であるが，両者の間には微妙な違いがある（やまだ, 1987）。自閉スペクトラム症の子どもでは，ギヴィングや指さしによる伝達が出ていても，ショウイングの出現状況が低い（小山, 2009）。このことはこれまでも自閉スペクトラム症の子どもで特に指摘されてきたが（Curcio, 1978），総じてことばが遅れる子どもの場合，特に低年齢，月齢では他者との間で物の移動は取りやすいが，物を介して自己に他者の注意を引くことに弱さがあると考えられる。

　ここで大切なことは，ショウイングのような注意取得行動の基礎は，定型発

達の子どもでは，生後4，5か月頃の社会的笑みに見られるように，先に述べた対物行動が盛んになる以前の人との関係のなかで既に用意されているということである。また，物を媒介とした他者の注意を引く行動もこれまでの報告よりもかなり以前に見られるのではないかと考えられる。ベイツら（Bates et al., 1979）は，ショウイング，ギヴィングの出現と感覚運動的知能期第Ⅴ段階の認知発達との時間的対応を指摘しているが，筆者が観察した定型発達の事例では，物を媒介とした他者の注意取得行動は第Ⅴ段階以前に出現していた（小山，1991）。子どもはこれまで考えられていたよりもかなり早い時期から物を介して他者の注意を引き，他者の応答を期待している。

　ことばが遅れている子どもの発達からは，子どもの側の発達的弱さにより，このような行動の形成が遅れている子どもが少なくなく，共同注意，共同活動の基盤が十分形成されないまま，対物活動のレベルが高くなり過ぎ，対人，社会的な刺激が受け止めにくくなっていると考えられる事例に臨床の場ではよく出会う。

　これらの事例に対しては，まず対人関係のなかでコミュニケーション行動を他の行動から区別することができるようにすることが課題となることは以前から指摘されてきた。しかし，その基盤となる他者との「相互の快」（mutual joy）については十分に示されていない。他者との「相互の快」を基盤に，子どもの発達的特徴をよくとらえ，最適期を探しながら，早期の療育では，今，子どもの心が物に向いているか，人に向いているかを療育者がとらえていく試みのなかで，子どもから他者への自発的な働きかけを引き出していくことが大切であろう。

　また，ショウイングの出現傾向が低いことに現れている，自己を見せる，表現していくことの意識に注目することも必要であろう。物のやりとりのなかで，物そのものを見せるだけでなく，「自己を表現し，自分を出していく」，そのような「二重性」の認識の発達は自己感の形成につながると考えられるし，それは他者理解の基盤になっていくものと考えられる。その結果が子どものほうから演じて見せるといったショウイング・オフやふりといった行為に発展し，またそれを共有する他者との「共演性」を基盤にシンボル世界が広がりを見せてくると考えられる（小山，1991）。

子どもと環境との相互作用は社会的に促進され，子どもの学習経験を支持するものである。そのような過程で，子どもは言語を内面化し，言語は行動を調節するようになる（Vygotsky, 1962）。筆者は，2011年から2014年にかけて，狩猟採集生活のなかで育つ子どもの学習能力の調査のため（寺嶋, 2010），カメルーン共和国東部州ロミエ周辺のBakaの人たちの集落を人類学の研究者とともに訪れる機会を得た。そこでの筆者の主な目的は，狩猟採集生活のなかで育つ子どもたちの象徴機能の発達と認知的柔軟性に関してであった（小山, 2013）。

図1-3, 1-4は，筆者が「狩猟採集生活のなかで育つ子どもの認知発達」というテーマの下に観察したシーンである。父親が物を使った遊びの足場を作り，その意図に子どもが応じて，心から楽しい遊びに発展している。図1-5, 1-6は，Bakaの人たちの集落で観察した乳児のケアにおいて親のそばにいるきょうだいなど共同体の人が関わるアロペアレンツ（alloparents）によるプレイフルな遊びの一場面である（Koyama, 2016）。このような大人との関わりの結果として子どもが「共演性」や心から楽しいという「プレイフルさ」を感じ取ることができることが何よりも大切である。また，今日，神経心理学の立場からは，このようなプレイフルさの意義について実証的な資料が提示されている（McCune, 2008）。

図1-3　大人の足場作り

図1-4　大人の足場作りのなかでの子どもの意図の共有

図1-5　アロペアレンツによる大人のプレイフルなショウイング・オフ

図1-6　大人の場の構造化のなかで大人の指さし

（図1-5～1-6, Koyama, 2016）

7. 対人的文脈における「場の構造化」

　本章で述べた物の慣用的操作が獲得されるまでの感覚運動的な活動は大人には無意味に見える。増山（1991）が指摘しているように，そのような無意味な活動のなかに子どもの意図性を大人は感じ取り，「意味」を理解しようとする。そして，それは日常的，儀式的な場面で行われ，そのような大人と子どもとの相互活動の過程で「意味」が発生してくることは明らかである。大人との馴染み深いルーティン，いわゆる大人が自らの文化から作るフォーマットが子どもの言語獲得援助システムの主要な媒体となり，足場作りになる。ブルーナー（Bruner, 1983）が指摘した大人との儀式的なパターン化されたやりとりの場は，協約性の理解やスクリプトの発達を支援する場として考慮されなければならない。

　定型発達の子どもの場合には，日常生活のなかで，養育者がかなり場面を構造化し，養育者も儀式的な行動を取っていることが明らかである。そのような場で子どもはじっくりと時間をかけながら，意味やプレイフルさを感じ取っていくといえよう。その結果が子どもにとっての人との関係において「意味あるもの」として蓄積されていくといえよう（小山, 2009）。

第 2 章
指さし行動の発達的意義

1. 人間に固有な指さし行動

　チンパンジーとヒトの子どもとの間で言語学習の基礎として注目されるのが，「指さし行動」（pointing），特に少し離れたところにある対象への指さし（筆者は，「遠距離指さし」と呼んできた）である。チンパンジーや人間以外のエイプ（ape）では互いに指さしをすることがないといわれる（Tomasello, 2009）。ヒトの子どもは，生後 9 か月，10 か月頃から情報を示す指さしが見られ始める。ヒト以外のエイプでは，情報を示すときに用いられる他者の指さしの理解も見られないという（Tomasello, 2009）。このような指さしについては，わが国において，言語獲得との関連で，これまで多くの研究がなされてきた（村田, 1977）。しかし，その発生過程については不明な点が多く，認知的性質もかなり含まれているのではないかともいわれ（岡本, 1982），前章でもふれた子どもと対物関係のなかで用意されるのではないかという説もある。

　それに関連して，指さしの起源を個人的なものとするか社会的なものとするかについては，研究者の発達観によって議論のあるところである。個人的な発達と社会的な要因によって指さしはしだいにコミュニケーションの手段として実用的に用いられるようになる。進化的には，どちらの立場に立っても興味深い議論が展開できると思われるが，社会的コミュニケーション機能という視点からは，ホモ・サピエンスは遠距離コミュニケーションを発達させてきたと考えられる。他者の心の理解や他者との心理的統合，そして，「物の実用性」（object pragmatics）（Moro, 2014）では三項関係を基礎にシンボルを生じてくるが，聞き手–話し手以外との相互交渉（the third-party interactions）もホモ・サピエンスの発達においては重要であったであろう。それは今日のわれわ

れの身振りコミュニケーションや言語発達へと進化してきた。集団サイズが大きくなり，三項関係を越えた情報伝達や学習と無関係であるとはいえないだろう。

2. 指さしの出現とその発達をめぐって

　指さし行動出現の発達基盤について，これまで明らかにされていることは，以下のようにまとめられる。

　①認知発達の点から，行為を適用する「行動物」から眺める対象としての変化，すなわち「静観的態度の形成」（Werner & Kaplan, 1963），物の慣用的操作の獲得，模倣等に見られる感覚運動期における一定の認知発達や指で突く（poking），指で撫でる（fingering）などの前指さし行動に見られる子どもが能動的に注目すべきものを選別するような認知的発達が，指さし行動出現の前提にあると考えられている（村田, 1977）。この点については，その社会的使用が指示的言語に影響するといわれる，対象，または出来事への視覚的，触覚的に注意が焦点化されたときに生じる「注意の母音的音声」（attention grunt）との関連が指摘されている（McCune, 2008）。

　②社会的認知発達の観点から，三項関係的場面において，子どもの共同注意の取り扱いが精緻化する過程で，子どもが他者の注意や行動にしたがったり，他者の行動に興味をもち始めたりすることが考えられる。そして，生後1年目から2年目にかけて，共同注意のエピソードは三項関係的になっていき，その文脈での特徴的な対象や人に注意を向け，子どもは養育者とのコミュニケーシ

図 2-1　絵本場面での乳児のフィンガーリング（小山, 1982）

ョンを取る（Davis & Bedore, 2013）。それは，他者の意図を理解していくことの発達が関わっているとともに，他者との意図の共有や共同的な情報の共有への志向性が関わっている（Tomasello, 2009）。

③相互交渉的，実用的観点から，他者との共同活動のなかで要請の成長との関連で子どもが能動的な信号の与え手として成長することが指さし行動獲得の前提にある（Bruner, 1983）。

④次に人さし指を伸ばして指し示す指さしのフォームについてである。指さしのフォームそのものについては，リーチングなど未分化な運動から分節されてくると考えられている（Werner & Kaplan, 1963）。特に「子どもが物に対して実際にリーチングせずに自分の手に入れたい物を示すといった表示的リーチング」（Bruner, 1983）が現れる頃には，物の慣用的操作や言語理解などの発達が並行して見られ，「表示的リーチング」には，表象機能（mental representation）の発達が関与していると考えられる（小山, 1998）。

人間の場合には，実用的な援助に対して，エイプには見られない協同的に何かをするということから情報の共有が発展した（Tomasello, 2009）。そのことを基盤に指さし行動が発達したと考えられる。

3. 重度の知的障がいのある子どもの遠距離指さし出現の背景にある発達

障がいのある子どものなかには，なかなか指さしが出ないといった事例があり，その背景には，これまであげてきた諸発達におけるさまざまな困難さ，特に表象機能，象徴機能の発達の障がいが影響していることが多い。また，非伝達的指さしと言語獲得との関連性について指摘されている（小山, 2009）。したがって，障がいのある子どもの指さしの獲得に時間を要している子どもの諸発達を丁寧に追うなかで，指さし行動の出現のメカニズム，それに関わる表象機能，象徴機能の問題の解明に迫ることができよう。

小山・神土（1996）は，そのようなことから指さしの出現が遅れている重度の知的障がいのある子どもを対象に指さしについて検討した。対象とした事例の場合，初出の指さしから指さし行動が定着して見られるまでに1年6か月程

度の時間を要している。その期間に共同注意，社会的認知，表象化能力の発達が一定見られて，指さし行動が定着した。しかし，対象とした子どもの指さしは，子どもから近いところにある対象に限られた指さしであり，遠くの対象への指さしは見られていなかった。

この遠距離指さし出現の契機は，表示的リーチングにあると筆者は考えてきた（小山, 1998, 2000）。先の事例の場合，表示的リーチングが見られず，本事例はその点を裏付けるものであり，そこに彼の抱える困難さがあるといえる。

また，重度の自閉スペクトラム症の事例では生活年齢7歳頃から指さしが見られ始め，有意味語出現前に自発的身振りのレパートリーが広がりを見せていた。

ウェルナーら（Werner & Kaplan, 1963）は，「外側への志向性」ということが指さし行動の本質的な特徴であるとしているが，小山らの事例の場合，遠くのものを静観することや，離れた地点にある何らかの対象への志向性が出ていない。それは表象空間の形成との問題も考えられるし，表象機能の発達との関連でいえば，模倣への志向性とも共通するものだろう。さらにこの事例の場合，リーチング，注視，発声による前言語的伝達行為の複合化そのものが弱かったことから，遠距離指さしの出現にはそれ以前のリーチング，発声，注視などの行為による伝達行為の複合化に関わる能力と対象についての認知能力との発達的関連性が示唆された。これらの点は，今後，発達支援のなかで療育的課題として検討していかねばならない点でもある。

4. 対物活動との関連

第1章で述べた，生後9か月頃からの人との関係性の変化とともに，指さし行動の前提となる認知発達が見られてくる。「行動物」としての物への一定の感覚運動的活動を基礎に物への探索的行為が盛んになり，静観的態度も形成され，自己と対象との距離化が進み，他者に指し示すという心性が生じてくるといえる（図2-2）。指さし行為の出現の前提として，静観的態度の形成が指摘されてきたが，行動物から静観的対象の形成以前に「情動物」としての対象があると岡本（1982）は指摘している。「情動物」とは岡本（1982）によれば，「情

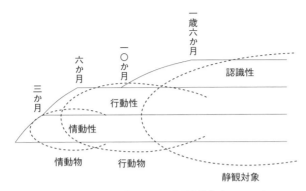

図 2-2　静観対象の形成における成層的構造（岡本, 1982）

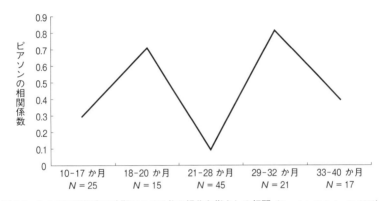

図 2-3　2つの言語発達の時期における物の操作と指さしの相関（Vauclair & Imbault, 2009）

動的喚起を主とする対象」である．情動物，行動物という重層的に対象がとらえられていくなかで，静観的態度が生まれてくるといえる．

　ヴォークレールらは，生後10か月から40か月の123例の定型発達の子どもを対象に，対物操作と指さしに使用する手の偏向性を検討した．その結果，手操作の偏向性と指さしの利き手との間に有意な相関が見られたと報告している（Vauclair & Imbault, 2009）．特に語彙が急増するボキャブラリースパートと，センテンスの形成における語の配列に関わるシンタクス（syntax: 統語）が発達する2つの時期に対象操作と指さしにおける手の偏向性に強い相関があることを指摘している（図2-3）．対物操作と指さしに見られるラテラリティ（laterality: 一側優位性）は，個人内で特に相関があり，互いに依存していると

考えられる。ヴォークレールら（Vauclair & Imbault, 2009）によると，この点はチンパンジーでは見出されていないという。

図2-4は，2011年，先に紹介したカメルーンのBakaの母子の筆者の調査の一場面で初めて乳児にミニカーを提示したときの様子である。新奇な対象の出現で共同注視によって，対象（この場合，ミニカー）の表現性の共有がうかがわれる。そこには子どもの対象への志向性もうかがわれる。そして，この写真の子ども（母親に抱かれている乳児）の右手は，人指しを伸ばして，指さしのフォームをなしている。図2-4, 2-5の指さしのフォームは，乳児の指さし研究のなかでも注目されてきたものである。指さし獲得前期にある乳児によく見られるもので，注意が喚起され，注意を向ける瞬間に人さし指が他指から独立し，このような手の形状が見られる（小山, 1982）。その形状は生後4か月頃から観察され，文化普遍のように思われる（図2-6）。対象への志向性が身体表現として現れたものと筆者は考え，後に伝達的手段として有用な指さしへと発展して

図2-4　対象に注意を向けた際に見られる人指し指のフォーム（小山, 2013）

図2-5　1歳前後の人差し指の他指からの独立（小山, 1982）

図2-6　Bakaの乳児の生後4か月頃から見られる人差し指の他指からの独立（筆者撮影）

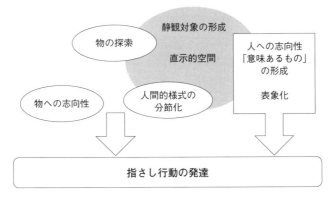

図 2-7　指さし行動に関わる発達

いくものと考えられる。対象を注視して，人差し指を伸ばすことと叙述的行為の発達的関連性は興味深い。また，共同注意もわれわれのような文化で育つ乳児の場合は，母子間やきょうだい間で形成されることが多いが，伝統的な社会では，共同性のなかで共有されていくことが考えられる。共同注意や言語学習における西欧社会とはまた違った社会的文脈効果（McCune, 2008）が注目される。

　指さしは，象徴機能の発達の現れであり，後の物の名称や指示語の獲得と関連がある。この点については近年では，指示語の獲得の前提と考えられる「伝達的な母音的音声」（communicative grunt）との関連が指摘されている（McCune, 2008）。指さしは，共同注意や伝達行為の発達という観点からもとらえられるが，このような観察から指さしの出現には，子どもの物への志向性も関わっていると考えられる。そして，指さしは関係性のなかで，人間特有の意味との関係で周りの世界を分節化していく「人間的様式の分節化」（McCune, 2008）の現れと，それへの志向性と考えると言語と密接に関係があることはうなずける（図 2-7）。

5. 指さし行動とクレーン現象に見る認知発達の差

　第 1 章でもふれたクレーン現象は，他者認識の問題と関係していると考えら

れるが，聞き手と話し手とそこで共有される空間，すなわち「直示的空間」での認知の問題も考えられる。自閉スペクトラム症の子どもでは，指さす代わりに，そばにいる人の手を引いて要求を達成しようとするクレーン現象が観察される事例がある。ここで，ウェルナーとカプラン（Werner & Kaplan, 1963）の「シンボル状況の構成的要素相互間の関係における発達的変容（距離化）」という図式を提示している（図 2-8）。言語のようなシンボル，すなわち象徴は，ウェルナーらによると，話し手－聞き手の軸の距離化とシンボルとそれが指示する対象との距離化において，出現してくるものとされている。それぞれの分化過程を指示する概念として，ウェルナーら（Werner & Kaplan, 1963）は「距離化」という概念を用いている。また，「人間にとっての主たる表示媒体（つまり言語媒体）は，発達に伴って，人と世界との直接的な情動－感覚－運動的関与から次第に分化していくのである」（邦訳書，p.45）とウェルナーらは述べている。そして，この距離化の過程は，象徴遊びにおける子どもの表象的理解の表現に見ることができるとマッキューンは述べている（McCune, 2008）。

筆者が出会っている自閉スペクトラム症の事例では，当初は，クレーン現象が出現していても，指さしやことばによる要求表現へと変化する。クレーン現象に関しては，特に，図 2-8 の話し手－聞き手－事物で作られる空間である直示的空間における指示対象の認識の問題で，直示的空間での子どもの物の認識が重要といえる。これまで，クレーン現象については，他者認識の問題に焦点

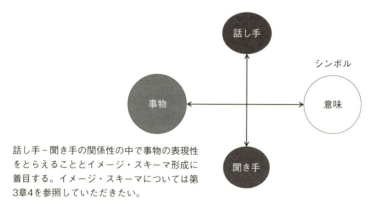

図 2-8　シンボル状況の構成的要素相互間の関係における発達的変容（距離化）（小山, 2015a）

が当てられてきた。直示的空間における事物に関して人との関係性のなかでどのように認識されていくかが，クレーン現象を考えるにあたっては重要である（小山, 2015a）。

第 3 章
言語学習の認知的基盤

　ヒトの行動のいくつかは本能的であるといわれ，いくつかは明らかに学習によるものである。学習とは，環境での出来事への反応として，異なる行動を獲得していくことである。言語においては，本能的な面と学習による面との関係は複雑であると考えられている（Hurford, 2014）が，人間の言語の構造を形作る卓越した役割を人間の学習メカニズムは取ってきたともいえるのである（Saffran, 2003）。たとえば，話しことばの知覚における音系列から確率を推測して学習を進める統計的学習能力（statistical learning）と話しことばに含まれる音素の分布情報（distributional information）は，言語学習やシンタクスの学習に有効に働いている（Saffran, 2003; Werker & Yeung, 2005）。

　一方，言語学習と密接に関係している他者理解についても，ヒトは核となる認識（core knowledge）を生まれながらにもっている（Spelke, 2009）という考え方があるが，それは養育者との共同的な相互作用によってうながされる。ピアジェの発達理論は，子どもの言語発達に認知発達が先行し，言語の段階的な進展にはある一定の認知発達が必要とされるというものである（Hwa-Froelich, 2015）。感覚運動期に子どもは物理的環境にシェマを用いて行為し，環境を学習する。その後，対象や行為に結びつくラベルを学習するというものである（Hwa-Froelich, 2015）。

　そして，子どもは，生後 11 か月頃から最初の誕生日前後に物の社会的な用途に合わせた扱いが可能になる。このような行為を筆者は，「物の慣用的操作」として注目してきた（小山, 2008, 2009）。物の慣用的操作が可能となる時期に子どもは有意味語を産出し始める。その様相の背景には，何らかの認知発達があると考えられる。物の慣用的操作の発達は，共同注意などの社会的認知（social cognition）の発達とも関連しているが，共同性のなかでの物の実用性（object pragmatics）の獲得である（Moro, 2014）。

コネクショニストモデルは，言語や認知の発達をよく説明できるとして，今日においても数多くの研究がなされている。しかし，コネクショニストモデルでは，認知における身体と環境における相互作用の役割が無視されているとして（Smith & Samuelson, 2003），言語学習の基盤に関して，今日，集積されてきた多くの発達的現象に関する資料をもとに言語獲得の基盤としての認知発達に関する理論化が進められてきている。

さらに，これまで考えられてきたように，ことばは，他の認知能力から独立した自律的な「モジュール」ではなく，他の認知能力と密接に関わるという立場が近年では台頭してきている（深田・仲本, 2008）。また，ピンカーは，「私たちが言葉を使う，その使い方には時間と空間の理論が埋め込まれている」（Pinker, 2007）という興味深い指摘をしている。近年では，言語と認知の問題を考えるうえで興味深い理論が新たに提示されてきている。

▌ 1. 乳児のもつ初期の認知能力

乳児のもつ初期の認知的能力として，古くは，ブルーナー（Bruner, 1983）が，①目標志向性，目的‐手段のレディネス，②相互交渉性，③体系性，④抽象性の4点に注目した。また，ゴプニックとメルツォフ（Gopnik & Meltzoff, 1997）らは，「特異性仮説」（specificity hypotheses）を提唱しており，生後18か月頃に生じる象徴的表象の形成によって語彙の拡大に関係する認知発達が見られるというピアジェの説に対して，生後18か月頃のこのような変化の基礎にはまだ経験していないことを仮説的に構成できる能力があると考えた。

ゴプニックらは，その物の姿が見えなくなってもその物が存在しているという認識である物の永続性といった認知発達と言語発達との関連から，認知と言語の3つの関係について提示した。その第一は，対象が見えなくなったことを表示する認知的な「関係語」（たとえば，all-gone）と対象がいくつかの位置に隠されることの理解との関係である。第二は，ある出来事に関して，成功したか，あるいは失敗したかの理解を伝える認知的な関係語と，目的と手段との関係課題（ある目的のために手段を講じる）において，いくつかの方略をうまく

使用する能力とに見られる関係である。この第一，第二の関係については，これらの2つの能力が異なる仮説的な結果を推測する能力を必要とするとゴプニックらは考えた。第三は，対象をグループに分類することと，1語発話期後期に見られる「語彙の急増」（ボキャブラリースパート）との関係である（ボキャブラリースパートについては本書の第6章で取り上げる）。

　物の永続性に関しては，近年では，心的表象（mental representation）の現れとして考えられ，指示的言語（referential language）の発達に向けての重要性が再認識されてきている（McCune, 2008）。

▌2.　生得性と領域固有性

　ガートン（Garton, 2004）は，カーミロフ‐スミス（Karmiloff-Smith, 1992）の理論を紹介するなかで，「彼女によると，人の心と環境の複雑な相互作用を記述するためには，特定領域の知識に対する生得的傾性と，子どもは環境に能動的に働きかける構成者であると見なす理論との両方を利用する必要があった」（邦訳書, p.57）と述べている。

　カーミロフ‐スミス（Karmiloff-Smith, 1992）は，「表象の書き換えに関するモデル」で注目されるが，表象書き換えモデルとは，最初に獲得された知識が内示的なフォーマットに貯蔵され，その後，そうした知識を検索可能な別のレベルの外示的なフォーマットに書き換えることである。「領域」とは，カーミロフ‐スミスによると，ある固有の知識領域（言語など）であり，その知識とそれに関する記号処理をカプセル化する情報処理の単位で，発達を領域固有のものととらえることが必ずしもモジュール性を意味するものではないという（Karmiloff-Smith, 1992）。そして，彼女は乳児の心の構造を制約する生得的に導入された領域固有な傾向の存在は必要であるとしている。彼女の立場は，発達は領域固有でもなく，領域普遍でもなく，両者の入り組んだ相互作用によって起こるものとしている（Karmiloff-Smith, 1992）。生得的制約と環境的制約との間の相互作用が共通の発達の道筋を作り出しているという。このような考え方は彼女の神経構成主義の理論に発展し，機能のモジュール化（modularization）を強調している（Karmiloff-Smith, 2012）。

3. コア認識

　進化的に見ると，ヒトにはユニークな学習能力があり，経験において規則性を発見し，柔軟で適応的なメカニズムをもっていると考えられる（Spelke & Kinzler, 2007）。ヒトに際立った認知能力の基礎となる能力を見分け，それらが支えるさらなる能力（ヒトがもつ柔軟なスキル）について見ていく必要がある（Spelke, 2009）。それが，いくつかのコア認識を基盤に構築されるのではないかという考え方である。

　その点について，スペルキらは5つのコア認識を考えている。1つは，物の表象である。次に，動作主性（行為主）の表象であり，3番目には数的表象である。そして4番目には，環境の幾何学性をとらえるものである。そして，スペルキらは，社会的なパートナーや成員について同一視し，推論するシステムを第5番目のコア認識としてあげている。このコア認識システムによって，ヒトは協同や相補性，集団としてのまとまりを示してきたとしている（Spelke & Kinzler, 2007）。

　これらのコア認識は，他の動物とも共有するものがあるが，言語学習などヒトにユニークな発達の基礎となり，子どもはコア認識によって文化的学習を進めていくと考えられている。

4. 身体化された認知

　ピアジェ（Piaget, 1950）は，認識は活動であることを示した。1980年代から，言語に表現される概念の基礎について関心がもたれ，身体性認知（embodied cognition）が注目されてきた（Johnson, 1987; Lakoff, 1987; Langacker, 1987; Talmy, 1988 など）。身体性認知は，近年，新たな注目を浴びてきている。身体化された認知の観点は，言語への影響も含めて思考が行為の影響を受けるというものである。この理論では，発達における運動と言語との関係を予測している。対象を操作すると，また，行為や対象の語彙表象が発達すれば，より容易に行為でき，対象操作が可能になるというものである。

　ジョンソンやレイコフが，現実の経験から思考の出現をとらえるために身体

化という語を用い始めたのであるが（Johnson, 1987; Lakoff, 1987），ゼーレンとスミス（Thelen & Smith, 1994）によると，われわれは流動的，力動的，そして文脈的なカテゴリーとパターン化した体制化に関連した知覚や行為を扱い，そして，それはわれわれにとっての意味の材料となる。最も抽象的な意味での「意味」は行為と分離できないのである。意味の起源は，行為にあり，活動を通してリアルタイムで明らかになり，創造されるという。そこでは，イメージスキーマの形成が問題になる。イメージスキーマとは，基本的意味を表現する空間的表象であるともいわれる（Mandler, 2004）。深田らは図3-1のようなイメージスキーマをあげている（深田・仲本, 2008）。

　たとえば，身体化された意味の重要な一つとして物理的な包含（containment）の般化がある。ジョンソン（Johnson, 1987）は，包含と境界をわれわれの身体的経験の広く行きわたった経験としている。空気，水，食べ物といった物を入れる3次元的な容器（container）として，また他の物が現れ出る物としてわれわれは身体を深く意識している。われわれは環境において物理的な包含を絶えず経験している。われわれは対象を操作し，容器に物を入れる。部屋から出たり，衣服を着たり，また乗り物に乗るなど，境界のある空間を経験する。それらによって時間的・空間的な体制化（organization）が繰り返されるのである。

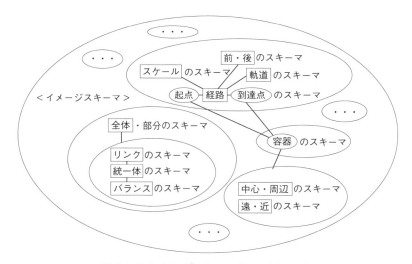

図3-1　主なイメージスキーマ（深田・仲本, 2008）

言い換えれば，典型的な物理的包含のシェマがある。このようなシェマは，ジョンソンによると，われわれの思考や言語に浸透しメタファー的な意味に抽象化され，包含の関係を通して外界を理解し，in, out, over, near などといった前置詞の理解に反映されるとするのである（Thelen & Smith, 1994）。

5. 言語に組み込まれた時空間モデル

　ピンカーは，「ヒトの知覚と想像には時間と空間のモデルがある」と述べている。筆者は，臨床場面において，自閉スペクトラム症の子どもと接する機会が多い。自閉スペクトラム症の子どもの基本症状として，言語・コミュニケーションの障害が指摘されるが，臨床的には，その言語の問題の背景に空間認識における困難さが考えられるのである。

　ピンカーは，言語において，「時間」は「投げる」のような瞬間的な出来事，「引く」「押す」のような持続的なプロセス，「割る」のような終結点をもつプロセスに分類されるとしている（Pinker, 2007）。そして，ピンカーは，「言語と連結する心の部分は，時間の塊を「前後」と「同時」という手がかりによってのみ把握する」（邦訳書上巻，p.179）という。人間の認知モデルは，人間の本性の重要な側面についての情報を表していると彼は指摘する。

6. ダウン症，ウィリアムズ症候群の子どもの言語発達研究から

　英語圏では，ダウン症，ウィリアムズ症候群の事例から言語発達を考えるうえで重要な点が指摘されている。ナジとバートンチニ（Nazzi & Bertoncini, 2003）は，ダウン症の子どもの語彙獲得におけるアウトカムは，遅れによって生じる前言語的発達と認知能力との関係のタイミングの問題であることを指摘している。ダウン症の子どもの聴知覚における問題に加えて，前言語的能力と認知的能力との関係を見ていくことが必要だが，さまざまな能力の正確な発達のシークエンスをとらえていくことがさらに必要で，遅れによって異なることをナジらは指摘している。また，ナジらは，ウィリアムズ症候群の言語発達

には，定型発達の子どもの認知と言語の関係とはまた別のメカニズムがあると考えている。ウィリアムズ症候群において，語の理解よりも語の産出が先行し，名称に基づくカテゴリの形成が4歳頃まで難しいとされるが，このような物のカテゴリー化に現れる困難さが，彼らの語彙発達に影響を与えることをナジら（Nazzi & Bertoncini, 2003）は指摘している。しかし，彼らの語彙獲得が良いのは，良い話しことばの知覚と記憶によって，定型発達の子どもでは見られない他の発達のメカニズムを用いて達成されているのではないかとナジらは考えている。

　ダウン症の子どもの場合には，定型発達の子どものプロセスを辿りながらも，十分な語彙の獲得は難しい。一方，ウィリアムズ症候群の子どもは語彙に関しては良い発達を示しているが，定型発達の子どもとはまた違った発達的経路を取っていると考えられている（Nazzi & Bertoncini, 2003）。

7. 神経構成主義

　今日の発達研究は，初期のルーツから時間的経過の過程での変化を問題にしている（Karmiloff-Smith, 2013）。そして，ピアジェのような領域普遍的なアプローチとスペルキのような領域固有的な見方とを区別し，発達的変化は全ての水準，時期に起こるという，「領域関連」（domain relevant）というとらえ方を示している。また，環境との相互交渉を通しての遺伝子の表現と脳の発達と異なる領域間の相互交渉といった点に焦点を当てる「神経構成主義」（neuroconstructivism）をカーミロフ-スミスは提示している（Karmiloff-Smith, 2012, 2013; Filippi & Karmiloff-Smith, 2013）。

　カーミロフ-スミスは，乳児の脳は両側性で，入力に対して競い合い，時間とともに特定の神経回路が勝るようになる。そして，特定の入力に対して働くようになる。さらに，生物学的な制約はより特殊的で，制約は領域に関連した（domain-relevant）ものであり，発達とともにそれは領域普遍になるという。たとえば，言語遺伝子と呼ばれてきたFOXP2の人間における突然変異は，言語に特殊的ではなく，時間的経過とともに話しことばと言語に領域関連的になり（領域間の相互交渉が見られる），他の遺伝子にも影響を与えるようになる

という。すなわち，乳児期からの漸進的な変化がいかに起こっているか，また，発達しつつある部分が他の部分と異なる時期にいかに関連していくのかを見ていくことである（Karmiloff-Smith, 2013）。発達的タイミングは，人間発達を理解するうえにおいて，考えなければならない最も重要な要因間にあると彼女はいう。

　また，発達的軌跡（developmental trajectory）という点から，ウィリアムズ症候群とダウン症候群の子どもの語彙の比較では，両者において初期の語彙獲得は遅れるが，ウィリアムズ症候群の子どもには後に語彙発達が見られるという事実は，乳児期の初期の状態によって後の発達が考えられるのではなく，神経構成主義の立場からの検討が必要であるとフィリッピらは指摘している（Filippi & Karmiloff-Smith, 2013）。神経構成主義は，時間的経過のなかで見られる神経学的レベル，認知レベル，行動レベル，そして環境レベルでの微細な変化に注目している。そして，それは非定型発達の子どもの発達的軌跡から特に明らかになるが，定型発達についても教えてくれているという。

8. ダイナミックシステムズ・アプローチ

　ピアジェ（Piaget, 1970）は，認識の形成に関して，主体と対象とが相互作用の道具を仕上げながら，分化し始めることに着目した。

　ダイナミックシステムズ理論は，多くの要素間の発達においてダイナミックな相互交渉の結果として，システムの複雑な行動が創出するということから注目されている（Thomas et al., 2013）。

　このようなダイナミックシステムズ・アプローチは，ゼーレンら（Thelen & Smith, 1994）によって発展されてきたものであり，時間的経過のなかで，システムとしての働きを重視し，変数の相互作用や共働作用による複雑さ（complexity）の変化を問題にしていることから（Davis & Bedore, 2013），言語発達過程に見られるさまざまな現象の説明やそこに躓きのある子どもへの言語発達臨床においても注目される。

　一方で，言語発達を説明する理論としてコネクショニズムがある。ゼーレンら（Thelen & Smith, 1994）は，バレラら（Varela et al., 1991）によるシンボ

ルによる操作に基づく伝統的な認知理論とコネクショニズム，そして，ダイナ
ミックシステムズの三者の比較をもとに，ダイナミックシステムズ理論の特徴
は，その後の変化と活動にもたらす活動の経緯を認知としてとらえ，相互連関
的な感覚運動的下位ネットワークの自己体制化（self-organization）によって
認知が働くというものである。ダイナミックシステムズ理論では，良い認知的
システムは，何をもたらすのかという点について，進行している，また連続的
に変化する外界の能動的・適応的な部分となるとしている。そして，これまで
の発達理論が「より良い状態になる」という発達のとらえ方に対して，発達は
多かれ少なかれ着実に目的に向かって進み，最終状態に至ると述べている。こ
のような現象をダイナミックシステムズ・アプローチではアトラクター状態
（attractor state）と呼んでいる。

9. 基盤主義

　アレンとビックハードは，これまでのこの論争の争点を「表象」という観点
から，方法論的，理論的にまとめている（Allen & Bickhard, 2013ab）。彼らは，
ダイナミックシステムズ理論は表象を避けているとしたうえで，生得主義と経
験主義の核には表象的な基盤があるとする「基盤主義」（foundationalism）に
注目している。彼らは，ダイナミックシステムズ・アプローチでは知識がいか
に表象に変化するかの説明がなされていないと指摘する。そして，彼らは，行
為を通して知識は表象的になるとして，アクション‐ベースド・アプローチ
（action-based approach）を主張している。
　アクション‐ベースド・アプローチとは，外界の認識と表象の核（core）に
行為（action）を置くものである。主体と環境との構成主義（constructivism）
ともいえるものである。そして，表象は行為や相互行為から出現し，それは創
発的（emergent）な構成を可能にする（Allen & Bickhard, 2013a）。アレンら
の主張は，ピアジェ理論から発展し，ダイナミックシステムズ理論（Thelen &
Smith, 2006）や表象理論の新たな展開を踏まえたものであると考えられる。子
どもの行動の観察的事実は変わらないとしても新たな理論化によって，臨床・
実践にもつなげていくことができるだろう。

第4章

初語出現期の発達

1. はじめに

　個人差はあるが，子どもは1歳前後になると有意味語（meaningful words）を話し始めるようになる。その子どもにとって初めて意味のあることばを「初語」（first word）と一般に呼んでいる。初語の出現は，養育者の協約的な話しことばのコードを，子どもが進んで受け入れ始めたことを示している。

　初語研究については，その出現時期や意味内容などに関して古くから行われてきた。初語の出現から2語発話出現期までを1語発話期（one word utterance stage）というが，1語発話出現期，1語発話増大期，1語発話定着期の大きく3期に1語発話期は分けられる（小椋, 1999）。

　1語発話出現期は，別の見方をすれば，ピアジェ（Piaget, 1962）が指摘しているように，感覚運動的シェマから概念的シェマへの移行の始まりといえる。ピアジェは，彼の子どもが最初に汽車に対して，'tch tch'，犬を指さして，'vouaou'と言ったことに関して，これらの音声的表現を最初の言語的シェマ（first verbal schemas）と呼び，それは，感覚運動的シェマと概念的シェマとの中間にあると述べている。初語の出現時期やその意味内容について，研究者によってその報告が微妙に異なってくるのもピアジェのいう言語的シェマ（近年では，原言語，原初語と呼ばれている）を初語として扱うかどうかによって違ってきているのである。

　原言語（proto-language）とは，ハリディ（Halliday, 2009）によると，子どもの言語であり，子どもによって創られたものである。母国語の獲得に向けて過渡期に出現するものである。第3章でもふれたピアジェ理論によると，1語発話出現期に，子どもの側での発達があり，それまでの諸発達が体制化

（organize）されて，言語が物や出来事を代表するシンボルとして子どもにとらえられてくる。その子どもの側での発達が興味深い。

　ピアジェ（Piaget, 1962）は，それを感覚運動的知能の完成と象徴機能の形成に求めた。原言語は，その文脈から子どもの発する音声の意味が汲み取れるものである。初語獲得以前の子どもは自己の行為に付随させて音声を発する。ハリディ（Halliday, 1975）は，子どものそのような原言語に実用的な意味を見て取った。原言語には，特定の身振り（gesture）が一貫して伴うことから（Clark, 2016），「音声的身振り」ともいえる。

　音声的身振りの特徴として，音声的安定性，状況一貫性があげられるであろう。この時期には音声と身振りのシステマティックな使用によって，意味のセットがコミュニケートされていると考えられる。語用論的立場から音声的身振りから言語への移行については実証的資料が提示されているが（Halliday, 1975; McShane, 1980），原言語から言語へ進める発達，たとえば，その認知的前提や社会的基盤としてのそれまでの他者経験について，もう少し詳細に今後検討される必要があると筆者は考える。

　そのようななかで，マッキューン（McCune, 2008）は，個々の子どもの子音の使用における一貫性と指示的言語への移行との関連性を示している。マッキューンは個々の子どもの子音の使用における好みや一貫性を「音声運動的シェマ」（vocal motor schema）と呼んで，指示的言語の出現を予測する一つの変数として注目している。子音の全体的なレパートリーにおける一貫性は初期の話しことばの獲得の明らかな特徴としてはっきりとわかっているが，その個人差についてはほとんど知られていない。また，マッキューンは，ウェルナーとカプランの理論を援用して，子どものなかでの内的な意味とそのような音声的フォルム（形態）との相乗作用（synergy）を指摘している。そこには，表象機能の発達，心的表象の発達が大きく関わっているとしている。心的表象と音声的能力の両者をもつ子どもに，音声的素材と意味の意識とが一体となってことばが獲得されるとマッキューン（McCune, 2008）は述べている。

2. 初語期の発達

　定型発達の子どもの初期の語彙発達に関して，わが国においてもさまざまな側面から検討されてきた。そのひとつに，語彙の増加など量的側面からの研究がある。古くは，大久保（1967），村田（1968），村井（1970）などの研究があげられよう。また，語彙獲得が研究の中心ではないが，村井（2002）による乳児の言語獲得過程解明の目的の下に行われた89名の乳児を対象とした縦断的研究のなかで初語の語彙発達に関する報告もなされている。今日では，この量的側面からの研究は，国際的には，「マッカーサー乳幼児言語発達質問紙」（MacArthur-Bates Communicative Development Inventories: CDI）（Fenson et al., 1993）を用いることによって行われている。

　さらに，初語の語彙発達については，1970年代後半からの語用論（pragmatics）の発達により，獲得された語彙の使用という点について，語の使用される文脈が検討され，1語発話の実用機能，意味機能が明らかにされていった（たとえば，McShane, 1980）。ピンカー（Pinker, 2007）によれば，語用論とは，「言語が文脈のなかでどのように使われるかを，会話者がどんな知識をもち，どんな予想をしているかという観点から研究する学問」である。その成果は，今日，わが国では，障がいのある子どもの言語発達支援に応用されている。クラーク（Clark, 2016）は，これまでの外界や相互作用について子どもが知っていることにおいて，子どもは他者の意図を解釈するために語用的な知識に頼ると述べている。1語発話期において，対象や行為，特性，その関係性について学習してきたことを相互交渉に持ち込み，概念的知識を蓄えていくことが馴染みのない語に反応する対応方略の基礎となる（Clark, 2016）。

　1語発話期は，語彙数の増加など単純な量的発達として考えられがちであるが，語の般用，過小拡張あるいは語の消失（語の寿命），語彙の急増（word spurt, vocabulary spurt）といった発達心理学的には非常に興味深い現象が錯綜し，発達におけるひとつのダイナミクスが見て取れる時期である（小山，2008）。今日の英語圏における研究では，語の体制化について，関心がもたれ，ブルックスとケンペ（Brooks & Kempe, 2012）は，「意味による体制化」「形態による体制化」「形態的な関係による体制化」「音声的な類似性による体制化」

の4つの観点を提示している。

　意味による体制化は，ブルックスらによると，意味的な連合で意味的領域（経験の特定の領域を指示する際に用いられる意味に関係した語のセット）での共起と意味に基づく語の関係である。初期の語は，擬音語，擬態語，擬声語であるオノマトペ（onomatopoeia）や幼児語が多いが，語の般用や消失のプロセスを経て成人語化する。すなわち，形態による体制化である。日本語での幼児語から成人語への発達過程については，小椋（1999）が親への調査によって検討し，成人語化は生後21か月から24か月に見られると述べ，その背景には象徴機能の発達があるとしている。

▌3. 初語出現期の特定

　初語の出現時期に関しては，その定義の仕方によって出現時期も変わってくる。村田（1977）が指摘しているように，子どもの初語の正確な時期を決定するには難しい問題があり，これまで論議がなされてきた。特に養育者からの報告という方法を取った場合，喃語発声を有意味語として養育者がとらえていることもあって，子どもの最初のことばを特定することはなかなか難しい。そのなかで，ターマン（Terman, 1926）は，少なくとも3語を知的に使うことを基準に取り，「3語」という数によって決定している。わが国において比較的よく使用されている発達検査のひとつである生澤ら（2003）の「新版K式発達検査2001」においても，初語の語獲得の指標として「語彙3語」を設定している。この場合にも養育者から3語見られているという報告があれば，その子どもは初語を獲得していると考えてよいといったターマンの考えを援用している。たとえば，「新版K式発達検査2001」の標準化資料を見ると，「語彙3語」の通過率は，1歳9か月から2歳までに86.9%となっている。

　また，小椋（1998）による「マッカーサー乳幼児言語発達質問紙・日本版」開発のための調査結果では，「マンマ」「ワンワン」「バー」が早期に表出される語として報告されており，生後12か月で「マンマ」は59.6%の通過率である（表4-1）。小椋（1998）の調査では，1語から10語獲得している事例が8か月で15.6%見られている（表4-2）。わが国の子どもの場合，生後8か月から有意

3. 初語出現期の特定　　39

表 4-1　早期表出語彙項目：各語彙項目の表出が 50% を超える月齢（小椋, 1998）

語彙項目	月齢	出現%	カテゴリー	
マンマ	12	59.6	幼児語	食べ物
ワンワン	14	56.8	幼児語	動物
（イナイイナイ）バー	14	51.2	日課とあいさつ	
ネンネ	16	58.1	幼児語	動作語，（日課）
ナイナイ	16	53.5	幼児語	動作語
バイバイ	16	52.7	日課とあいさつ	
ブーブー	17	64.7	幼児語	乗り物
クック	17	62.9	幼児語	衣類
アイタ	17	58.6	幼児語	性質
はい	17	56	会話語	
シーシー	17	54.3	幼児語	動作語，（日課）
パン	17	50.9	食べ物	
いぬ	17	50.9	動物	
いたい	18	67.9	性質	
ポンポン	18	59.5	幼児語	体の部分
おてて	18	58.3	幼児語	体の部分
くつ	18	57.1	衣類	
バーバ	18	56	幼児語	人々
いや	18	54.8	会話語	
ポーン（投げる）	18	52.4	幼児語	動作語
おちゃ	18	51.2	食べ物	
ジュース	18	50	食べ物	
あつい	18	50	性質	
「ことばと文」版				
タイタイ	18	75.8	幼児語	動物
ニャンニャン	18	66.7	幼児語	動物
手	18	57.6	体の部分	
ない	18	54.5	数量	
ジージ	18	51.5	幼児語	人々
お父さん	18	51.5	人々	
目	19	51.9	体の部分	
エンエン（泣く）	19	50.6	幼児語	動作語
チュンチュン（鳥）	20	60.8	幼児語	動物
ちゃんこ（おすわり）	20	58.1	幼児語	動作語

ちょうだい	20	58.1	日課とあいさつ	
牛乳	20	56.8	食べ物	
おっぱい	20	56.8	体の部分	
ぞう	20	55.4	動物	
耳	20	55.4	体の部分	
足	20	55.4	体の部分	
お母さん	20	52.7	人々	
おばあさん	20	51.4	人々	
うんち	20	51.4	日課とあいさつ	
くち	20	50	体の部分	
おちんちん	20	50	体の部分	
おしっこ	20	50	日課とあいさつ	
ガオー（ライオン）	21	61.7	幼児語	動物
ありがとう	21	60.9	日課とあいさつ	
ここ	21	57.5	代名詞	
ジージ	21	56.3	幼児語	動作語
ごはん	21	56.3	食べ物	
鼻	21	56.3	体の部分	
いや	21	56.3	会話語	

表 4-2　語彙表出項目総数の月齢分布（%）（小椋, 1998）

得点	0	1-10	11-20	21-50	51-100	>100
8 か月	84.4	15.6				
9 か月	75	22.7	2.3			
10 か月	69.1	29.4	1.5			
11 か月	53.6	41.2	4.1	1		
12 か月	25.4	61.4	10.5	2.6		
13 か月	27.1	52.5	11	9.3		
14 か月	14.4	48	18.4	17.6	1.6	
15 か月	10.2	37.2	26.3	16.1	8	2.2
16 か月	4.7	28.7	17.1	38	8.5	3.1
17 か月	3.4	16.4	12.9	32.8	22.4	12.1
18 か月	3.6	8.3	15.5	23.8	22.6	26.2

味語を獲得し，12 か月から 1 歳 1 か月頃が初語獲得期と見てよいであろう。初語の内容についてカーミロフら（Karmiloff & Karmiloff-Smith, 2001）は，どの文化，言語においても共通性が見られ，馴染みのある人の名前や対象，動物，食べ物，身体的機能や社会的なやりとりのなかで使用される語であるとし，初語期には，語の理解と産出はそれぞれのペースで発達すると述べている。

　障がいのある子どもの養育者との発達相談において，「以前，この子はことばを話していたが，そのことばが消えました」という相談をよく受けることがある。このような事例の場合，進行性の疾患があり，以前にあった発語が現在見られないということもあるが，多くは，象徴機能に支えられない，原言語や「反復喃語」の延長であったりする場合が多い。ことばの世界に入っているかのどうかの確認は，指さし行動や他の動作的活動の発達状況も合わせて見る必要があろう。

　初語の特定の問題と関連して文脈依存的語（context-limited words）が注目される。ある特定の対象や文脈において使用される語を文脈依存的語というが，マッキューン（McCune, 2008）は，進行中の出来事に随伴する，あるいは統合する側面として文脈依存的語をとらえ，語が指示対象を表現する象徴として使用される指示的言語に文脈依存的な語は先行すると考えている。今日の研究では，文脈依存的な語の使用時期と指示的言語の使用時期とでは，指示的言語を産出している事例のほうが，理解語，未知の語の理解に対して，特殊化され分化した事象関連電位（event-related potentials: ERPs）の活動が見られることが報告されてきている（Mills et al., 1994）。

4. 理解と産出に見られるずれ（asymmetry）

　初語期の発達において注目されるのは，言語理解と産出におけるずれである。その点について，ハリスらは，生後 6 か月から 18 か月間，2 週おきに，英語のみを使用する家庭の第 1 子，6 例の定型発達の子どもを対象に，文脈拘束的語と脱文脈的な使用に着目し，初期の理解語彙と産出語彙との関連について検討している。その結果，初期の語理解のパターンには類似性と個人差が見られ，初期の産出と理解においては密接な関係が見られたとハリスらは報告している

42　第4章　初語出現期の発達

表 4-3　生後 1 年間の理解語数 （Harris et al., 1995）

事例	年齢						
	0；6*	0；7	0；8	0；9	0；10	0；11	1；0
アンドリュー	0	0	4	4	7	11	13
ベン	0	1	3	5	7	8	10
ジョージ	0	0	1	1	2	7	13
キャサリン	0	3	7	12	20	28	68
ケティー	0	0	2	2	9	20	37
セバスティアン	0	0	1	4	12	18	22

＊0；6＝0 歳 6 か月を示す。

表 4-4　最初に理解が見られた月齢と最初に産出が見られた月齢 （Harris et al., 1995）

子ども	最初に理解が見られた月齢	最初に産出が見られた月齢	理解語彙			
			差	計 CB	計 CF	全体
アンドリュー	0；8.7	1；0.3	3.22	4	8	12
ベン	0；7.25	0；8.9	0.14	0	1	1
ジョージ	0；8.16	1；1.11	5.1	2	13	15
キャサリン	0；7.7	0；10.23	3.16	6	14	20
ケティー	0；8.6	0；8.25	0.19	1	1	2
セバスティアン	0；8.11	0；10.22	2.11	2	2	4
計				15	39	54

CB：文脈 - 拘束的
CF：文脈に拘束されない

表 4-5　産出における初期 20 語の理解と産出との関係 （Harris et al., 1995）

	理解				
	文脈 - 拘束的産出		脱文脈的産出		
	CB	CF	CB	CF	計
アンドリュー	3 (2)	4 (4)	0 (0)	13 (11)	20 (17)
ベン	4 (1)	1 (0)	1 (1)	14 (10)	20 (12)
ジョージ	3 (0)	0 (0)	0 (0)	17 (14)	20 (14)
キャサリン	4 (2)	0 (0)	2 (1)	14 (12)	20 (15)
ケティー	3 (1)	0 (0)	0 (0)	17 (12)	20 (13)
セバスティアン	3 (1)	1 (0)	0 (0)	16 (12)	20 (13)
計	20 (7)	6 (4)	3 (2)	91 (71)	120 (84)

CB：文脈 - 拘束的
CF：文脈に拘束されない
＊産出の前に確認された理解の例は（　）内に示している。

（Harris et al., 1995）。

　表 4-3 は，理解語数の推移を示している。理解から産出に要する期間には個人差が見られている（表 4-4）。この点については，子どもの日常的な認知発達との関連性について検討していく必要があろう。また，理解語が少なくても産出が見られている事例がある。さらに，理解語の多くは比較的早い時期から脱文脈的に使用されていることが示されている（表 4-4）。理解と産出における非対称性と対称性の問題は後の表出言語に見られるバリエーションとの関連において興味深い。

5. 自閉スペクトラム症の子どもにおける原言語期の発達から

　筆者は「心の理論」の発達に困難さがあるといわれている自閉スペクトラム症の子どもで原言語の時期にある事例を対象として，対物操作，発語・言語理解の状況，静観的態度，そして他者との象徴化の共有といった観点から，原言語期にある事例の対物行動や他者認識の発達の様相を検討することにより，原言語の時期からどのような認知能力の発達があって社会的な言語の獲得へと至るのかについて考察を加えた（Koyama, 2012）。

　事例は，自閉スペクトラム症の男児（4 歳 0 か月）である。発達の遅れは中度であり，3 歳時に自閉スペクトラム症の診断を児童精神科医により受け，A 通園施設に 1 年前より通園している。アイコンタクトは成立。原言語は見られるが有意味語はなく，離れた対象への指さしが見られている。記録方法は，筆者と子どもとの遊び場面を全て VTR に録画した。ビデオカメラは保育室の 1 箇所に置き，子どもの行動や発声・発語が収まるように設置した。

　分析については，VTR を再生し，それぞれの場面における子どもの自発的な行動に注目して分析を加えた。

　事例の対物操作の内容を表 4-6 に示す。対物操作に関しては，車類についてその社会的使用である（玩具の車の場合は机の上を手で押して走らせる）物の慣用的操作が広がっており，用途不定事物以外の 62.5% の物にまた，視覚的探索，手操作による探索がよく見られた。物の命名は出現していないが，バスを

表 4-6　自閉スペクトラム症の子どもの原言語期の対物行動

事物／子どもの行為	視覚的探索	探索・手操作	慣用的操作	関係づけ	関係づけ・機能理解	発声	命名	ふり	みたて
車類									
ミニカー	○	○	○			○			
電車	○	○	○			○			
バス	○	○				○			
ままごと									
皿									
スプーン			○						
ポット	○		○		○				
家具									
ピアノ		○		○		○			
因果性									
ネジまき	○	○	○						
用途不定事物									
積木									
入れ子				○	○	○		○	

提示したときに，「バ」という命名的機能をもつ原言語が見られた。発声は，対物操作時の手操作による探索時によく伴っており，音韻の分化傾向が確認された。物と物との関係づけも用途不定事物やままごとセット類において見られている。

　この研究では，子どもの静観的態度の形成具合を見るために，Hetzer らの図版（Werner & Kaplan, 1963）を用いた。事例は，Hetzer らの図版に対しては，本事例は，1, 2 秒画面を注視したのち，積木を図版に当てたり，図版の裏を見たりする。態勢を取り直して図版を再度提示すると，事例は，1, 2 秒，図版を注視して外の方に目をやる。事例の場合，Hetzer らの図版に対しては，まだ静観的態度が取れない。他者認識に関しては，事物を用いた筆者の行為に注目していた。ネジまき人形場面では，筆者がネジをまく様子をよく観察して自分でもまく。積木を用いた筆者の食べる行為に対しては楽しそうに（プレイフルに）筆者の顔を見て同じように模倣する。筆者が積木をおにぎりに見立てる行為に対しては，事例は積木を順に皿の上に置く。また，筆者が入れ子で飲むふりをすると，筆者の様子を見て，事例が微笑むことが見られた。人形に対し

ては，人形を提示すると，人形の顔を見て，避けて後ずさりして席を立ち，探索や有意味的行為は見られなかった。

　本事例においては，対物操作に関しては，視覚的探索や手操作による探索が見られて，それとともに物の慣用的操作や機能を理解したうえでの関係づけが見られていた。また，本事例は社会的言語が未獲得であるが，原言語による命名や行為に伴う発声がよく見られていた。さらに，他者のことばの取り入れが見られ始めており，社会的言語への志向性がうかがわれた。

　しかし，本研究で提示したネジまき人形に対しては手による探索や動かそうとする操作が観察されたが，人形に対しては恐れやネガティブな情動が示されており，対人的表象の形成がまだ十分でないことが明らかとなった。人形のような人のレプリカに対しては，動きのあるもの，子ども自らが行為しやすい物への探索・操作から対人的表象を楽しむものへ移行することが示唆された。対人的表象の形成があって社会的言語の獲得が進んでいくといえる。原言語から社会的言語への移行期の認知発達に関して，物との関係では，視覚的探索や手操作による探索，および物と物との関係づけや物の慣用的操作に広がりが見られ始める。また，それとともにふり（象徴化の現れ）が見られる。

　他者との象徴化の共有においては，模倣やプレイフルさの共有が見られる。そして，この事例においては，他者のことばの取り入れが始まっているが，PVT-R（絵画語い発達検査）（上野・名越・小貫，2008）などで測られる社会的言語理解や類概念の理解に関してはこれから進展が見られるといったところである。

　人形への有意味的行為や Hetzer らの図版への静観的態度の形成はまだ見られなかったことから，対人的表象や物についての表象化がさらに進むことが社会的言語の前提にあるのではないかと本事例を通して示唆された。

　本事例の発達からは，物の手操作や視覚的探索，物の慣用的操作，模倣を基礎にして，そのやりとりのなかで，対人的表象が形成され，他者が使用する社会的言語の理解も関係し，静観的態度が安定してくるのではないかと考えられた。さらに，対人的表象や事物についての表象化がさらに進むことが，原言語から社会的言語獲得までの前提にあると考えられる。

第5章

1語発話期の発達

　子どもの言語発達過程における1語発話期の発達的位置づけとしては、「多様化から統合の時期」ではないかと考えられる。乳児期において多様化してきた外界把握が、ことばによって統合されてくる。すなわち、言語、ことばによる記号化、再体制化が始まる（Piaget, 1950）。またそれによって、言語による思考の萌芽（日常的行為、認識のなかにことばを位置づけ、「しゃべる」ということ、それは前言語期からの連続性でもある）が見られ始める。

　1語発話の増加期には、子どもの生活経験がこれまでよりも一層広がり、生活経験拡大の過程でことばが位置づけられていくことにより、1語発話のレパートリーも増加していく。そこには、生活経験拡大の過程での事物の認識の発達もある。また、人とことばを交わすことによって、コミュニケーションの間接化がより進んでいくといえる。

▌1. 物の名称の獲得―語と対象とのペアリング

　初期の言語学習は、子どもの外界における指示に語をマッピング（mapping）することが関わっている。事物は必ず存在するため、語と対合（map）されやすい。しかし、そこにはバイアス（bias: 偏向性）が関わっているといわれている。たとえば、形態のバイアスによって、新奇な対象に対して物の名称を般化する。物の名称の獲得に関連して、対象のカテゴリー化には、まず知覚的特徴、特に形体の類似性が重要な役割を果たすとされている（Poulin-Dubois & Graham, 2007）。そして、次第に機能が類似したものへと変化していく。

　ワーカとイェン（Werker & Yeung, 2005）によると、乳児の単純な事物と語とのマップは生後6か月までには可能になる。そして、生後8か月前後には、

数回の提示で新しい語音と事物とのマッピングができるようになり，生後12か月頃では，知覚的特徴には依存しているが，視線などの社会的手がかりによっても，語と事物との関係をとらえられるようになる。

物の名称の学習に絡んでいる主なバイアスとして，分類的バイアス（taxonomic bias），帰納般化（inductive generalization），形態バイアス（shape bias），全体 - 対象バイアス（whole-object bias），名詞バイアス（noun bias）などが指摘されている（Brooks & Kempe, 2012）。これらのバイアスは，言語によって異なることが指摘されている。これらのバイアスの起源についてはさまざまな議論がなされている（Brooks & Kempe, 2012）。

このような議論のなかで興味深いのは，バイアスが初期の語彙の構造から生じるという指摘である。このような語の学習制約についての抽象的な認識は特定の語の指示対象についての具体的な認識と並行して出現するというものである（Brooks & Kempe, 2012）。

2. 内的状態語・心的状態語の発達

2歳頃から，子どもは，考え，感じている自分の内的状態をことばで表現する。ハッペ（Happé, 1994）は，自閉スペクトラム症の子どもの発達から，「考える」「希望する」「意図する」「信じる」「願う」などの心的状態を表現するには，「メタ表象能力」（metarepresentation）が必要であるとしている。レスリーによれば，表象の働きを現実から「切り離す」（decoupling）ことによって，表象は個人の願望や記憶と結びついていくのである。レスリーは，他者や自分の心的表象を表象する能力をメタ表象としてとらえた。メタ表象とは，1次的表象（primary representation）を超えたより高次の表象であり，2次的表象ともいわれ，その発生，発達をレスリーは，生後18か月から24か月の子どものふり遊びに見出した（Leslie, 1987）。

ふりの出現は，認知そのものを理解するメタ表象能力の始まりである。それは情報への態度を特徴づけ，操作する能力の現れでもある。心的表象の基礎的な進化的ポイントは，外界の諸側面を正確に，忠実に，ありのままに表象しなければならない1次的表象であり，外界との関係における直接的な意味である

図5-1　1次的表象とメタ表象 (Leslie, 1987)

(Leslie, 1987)。子どものふり遊びの過程において，レスリーは，1次的表象を協応化し，対象の真の特性を「切り離すこと」に着目した。この「切り離し」は，まさに象徴機能の発達ともいえるし，「経験のコピー」に切り離しのプロセスが働き，それらが統合され，現実世界に支えられ，つながれる (anchor) プロセスは，子どものメタ表象能力の発達において注目されるものである（図5-1）。

　自己の内的状態の表現である心的状態語 (mental state words) の発達過程の背景には，社会的認知と感情の発達が関わっている。定型発達の子どもでは，2歳頃から会話を通して，意思や知覚，情動を示す語を使用し始め，他者の願望について語れるようになり，思考や信念に関わる語を使用するようになる。自閉スペクトラム症の子どもでは，心的状態語のなかで，特に共同注意（同じ物や同じことをするなかで得る喜びや楽しさといった気持ちの共有）や認知に言及する語の獲得や使用が困難であることが指摘されている (Tager-Flusberg, 2007)。

　心的状態語を話すようになるには，子どもが人の行為というものが思考や信念に基づいたものであるということを理解する必要があり，さらには「心の理論」の発達がゆっくりと進む自閉スペクトラム症の子どもは欲求を示す語の出現頻度は高いが，認知や注意に言及する語の出現頻度は低さが報告されている (Tager-Flusberg, 2007)。そして，自閉スペクトラム症の子どもにおいては，心の理論の発達とともに心的状態語の獲得が促進されることが報告されている（小山・神土, 2004）。

　心的状態語の獲得には，親子の会話での心的状態語の使用が影響していると考えられ，親子の会話において，子どもや他者の心的状態を養育者が言語化す

ることで子どもは自己や他者の内的状態を言語化する枠組みを得ていくと思われる。

　一方，心的状態語のなかの心的動詞（mental verbs）とは，「知っている」などの心の動きを表すものである。心的動詞の発達には，自己や他者の心的状態に適用され，心的状態語が使用されるのを聞くことにより，自己の考えや思いの体験と他者の行動との比較につながり（Doherty, 2009），他者のことばの自己化やその内面化が関連していると考えられる。

3. 空間語彙の発達

　ピンカーは，時間，空間，因果性は，思考と思考とを互いに関係づけるのに重要な役割を果たしていると指摘している（Pinker, 2007）。空間語彙の獲得はこのような人間の認知発達と関連が深いのである。マンドラー（Mandler, 2004）は，われわれの生活においては空間的情報が重要であるにもかかわらず，英語においては前置詞の種類が少ないことを指摘している。空間語彙は，関係語（relational words）ともいわれ，英語においては，up, down, in, out, on, off といった基本的な語は，300 語程度の対象語が獲得されてから使用し始めるといわれている（Mandler, 2004）。

　マンドラー（Mandler, 2004, 2010）は，行為は単に空間を通して「経路」（pass）に沿った異なる動きとして考えられると述べている。そして，出来事の真の概念は，ある行為（たとえば飲むという行為）から生ずるとしている。さらに，前言語的な包含の概念は，動詞や前置詞にマップされることをマンドラーは指摘している。ピンカーは「事態のとらえ方を転換したり，地と図を反転させたり，事態を再解釈したり—という人間の心の持つ柔軟性」に注目している（Pinker, 2007）。

　近年，初期の認知に関しては，対象，動作主，行為について関心がもたれている。カサソーラら（Casasola et al., 2006）は非言語的・知覚的認知能力と動作・出来事語の理解について実験的研究を行っている。また，バルコムら（Balcomb et al., 2011）は，場所の学習とそれに関連する空間言語について生後 16 か月から 24 か月の子どもを対象に研究している。彼らの結果では，前置詞

3. 空間語彙の発達　51

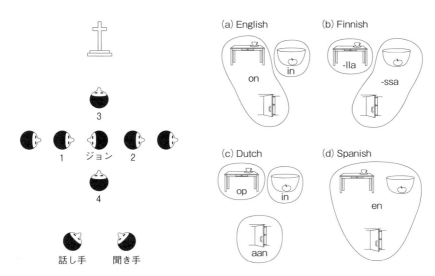

図 5-2　ジョンの正面は誰？―空間前置詞の曖昧性（Pinker, 2007）

図 5-3　空間関係に対する言語的表現の (a) 英語，(b) フィンランド語，(c) オランダ語，(d) スペイン語における違い（Clark, 2004）

と目的語の位置づけとに相関関係があることを示している。

　ピンカーは，英語に限らず，ほとんどの空間語彙を規定しているのは形の「概略化モデル」であるという（Pinker, 2007）。概略化モデルとは，「人間が心のなかでさまざまな形を溶かし，概略化して小さな塊をつくり，その塊を軸に刺さったものとして認知する」というものである。また，彼は空間前置詞の曖昧性についても指摘している。図 5-2 に示されるように，基準軸を列に合わせたり，ジョンの身体に合わせたりすることによって空間語彙は変化するのである。このように考えると，障がいのある子どもにおいて，助詞の獲得が遅れたり，その使用に誤用が見られることに関して，その子どもの空間的な認識に着目することの重要性がわかる。

　また，言語によっても静的な空間関係の語へのマッピングは異なる。乳児はどの言語圏でも同じような空間関係の心的表象を持ち始めると考えられるが，母語の学習とともにこれらの認知的概念をいかに自分たちの言語ではマッピングしているかを学習し，異なる経路を辿るようになる（図 5-3）。

4. 動詞の学習

　動詞の学習は一般には物の名称の学習よりも遅れる。マンドラー（Mandler, 2004）は，行為主（agent）が行うことと，行為の受け手（patiant）が受けることは早期の概念化において重要であり，それゆえ出来事の構造の言語的表現において特に動詞は注目されるとしている。ピンカーは，「事態のとらえ方を転換したり，地と図を反転させたり，事態を再解釈したり—という人間の心のもつ柔軟性」に注目し，そのような「柔軟性」によってあらゆる動詞がどんな構文にも使えるようになると述べている（Pinker, 2007）。

　また，ピンカーは，「動詞とは単に行動や状態を指す単語ではなく，文の枠組みとなる」と述べている。彼は，単語をつなげて文にし，そこにどんな意味を与えるかを決めるものを「統語法」（syntax）と呼んでいる。シンタクス（統語）というのは，節や文レベルでの構造に焦点を当てる。シンタクスの重要な働きのひとつとして動詞を中心に文を組み立てる仕組みをピンカーはあげている（Pinker, 2007）（シンタクスについては第7章でふれる）。

　今日の発達研究では，乳児期から人の動作について認識が進んでいることが示され，人の行為と物の動きは早くから区別できることが示されている。動詞の産出が始まる頃には，子どもは動詞の拡張がさまざまな行為主に拡張できると考えられている（Poulin-Dubois & Graham, 2007）。動詞が学習され，拡張されるには，動作主の意図について視線や身振りによる手がかりを分析しなければならない（Poulin-Dubois & Forbes, 2006）。

　表5-1は，英語を母語とする子どもの初期の動詞理解とその産出の様相を示したものである。

　ピンカーは，母語のシンタクスを子どもがどのように推測するかという問題に関して，ある状況の解釈における心的操作を重視し，動詞の使い方に注目している。また，「動詞に詰め込まれた情報」がセンテンスの核を構成すると述べている（Pinker, 2007）。

　これまでの乳児の認知発達研究を見ると，動詞の意味理解は，前言語期から漸進的になされていくものである。一方，動詞理解については，「ゲシュタルト的認識」が注目されている。しかし，そのプロセスについては十分にこれまで

4. 動詞の学習　53

表 5-1　12 例に見られた 2 歳までの動詞理解と産出 （Clark, 2016）

他動詞		他動詞		自動詞	
食べる・eat	(12,7)	拾う・pick up	(10,1)	座る・sit	(11,6)
投げる・throw	(12,3)	振る・shake	(9,2)	ジャンプする・jump	(11,5)
開ける・open	(11,7)	さわる・touch	(9,1)	走る・run	(11,3)
閉める・close	(11,6)	洗う・wash	(8,4)	立つ・stand	(11,2)
キスをする・kiss	(11,4)	踏む・step on	(8,0)	寝る・lie down	(11,1)
飲む・drink	(11,3)	ける・kick	(6,2)	落ちる・fall	(9,5)
吹く・blow	(11,1)	押す・push	(6,1)	振り返る・turn around	(9,1)
落とす・drop	(10,2)	引く・pull	(5,1)	踊る・dance	(8,1)
抱く・hug	(10,1)	指す・point to	(4,0)	飛ぶ・fly	(7,2)
				泣く・cry	(5,2)
				微笑む・smile	(5,0)
				這う・crawl	(3,0)

注）（　）内のはじめの数字はその語が理解された人数を示し，2 番目の数字は産出された人数を示す。

検討されているとはいえない。特に障がいのある子どもについての資料は乏しい。さらに，日常生活のなかで，子ども自身の活動との関連で見ていかねばならないであろう。

　村田（1968）は，一定の動作に伴って生じる一定の発声を動作語とし，要求語と動作語は動詞につながることを指摘した。村田（1968）は，「動作の主体や，動作に関係する個物から引き離す働き」は定型発達の子どもでは，1 歳後半に生じ「動詞観念発生の源泉となる」と述べている。村田（1968）は，動詞は運動的活動だけを表示するものではないと指摘している。初期の 2 語発話には，他者の状況の叙述が見られることが指摘されており（小山, 2000），そのような他者の状態を示す状態語と初期の動詞観念の形成については興味深い問題である。

　初期の動詞の使用に関しては，ナイグルズら（Naigles et al., 2009）は，先に取り上げた動詞使用の柔軟性（flexibility）に注目している。8 人の母親に彼女らの子どもの 34 の獲得されている動詞のうち最初の 10 動詞についての使用を記録してもらっている。ナイグルズらは，子どもによって，また動詞によって柔軟性の差と多様性が見られることを指摘している。さらに，動詞使用におけ

る意味的な柔軟性と文法的な柔軟性が関係していることを示している。ナイグルズらは，子どもの初期の動詞使用は，経験から抽象する傾向と能力に基づくことを示唆している（Naigles et al., 2009）。動詞使用における柔軟性という観点は，初期言語獲得過程における個人差や多様性に関する研究を進めていくうえにおいても興味深い点である。

▍5. イメージスキーマと動詞の獲得

　近年の初期言語獲得過程に関する研究においては，さまざまな観点から多くの研究者が動詞の獲得に注目している。クラーク（Clark, 2004）は，対象，関係，そして出来事の概念的表象は言語学的なカテゴリーの全体的な基盤を与えると指摘している。マンドラー（Mandler, 2004）は，イメージスキーマの概念は初期の 2 語発話に見られると指摘している。

　山梨（2012）によれば，イメージスキーマは，「シェマ化のプロセスを介して形成されるより抽象的な表象」である。そういう意味からはイメージ・シェマといったほうがよいかもしれない。カップ，グラス，お椀のイメージから具体的な特徴を省いた○はこれらのイメージスキーマといえる（山梨, 2012）。また，マンドラーによれば，イメージスキーマは，「原初的あるいは基本的な意味を表現する空間的表象（spatial representations）である」（Mandler, 2004）。子どもの意味はイメージスキーマによって形成され，言語理解とともに概念的表象が形成されていくという。イメージスキーマの概念における仮説は，生後 1 年間に，乳児は出来事の意味に関係する概念を包含や支持（support），経路，動作性（agency）といったシェマの下に抽象化し始めるというものである。

　筆者もこれまで語獲得の認知的基盤については重視してきた（たとえば，小山, 2000）。青木（2002）は，認知意味論の立場から，身体レベルの外界との「非言語的交流」という文脈において（すなわち，ドアを開けたり，椅子に座ったりという文脈のなかで）椅子らしさ，ドアらしさといった基本レベル（basic level）の概念を獲得すると述べている。青木（2002）は，この身体経験の基本レベルで生じる概念を「基本語」としているが，メタファーによる概念の拡張にも核になるような「基本語」が存在していると彼は述べている。山梨（2000）

も認知意味論の立場から，「外部世界の解釈は，その世界を解釈していく主体の
ダイナミックな認知のプロセスを反映している」として，言語と認知のダイナ
ミックスを考えるなかで，「認知主体と主観的知覚」「図と地の反転」の問題を
指摘しており，これらの点は，先にふれたゲシュタルト的認識と関連して，動
詞獲得の基礎として注目されるであろう。また，身近で経験しやすい日常サイ
ズの物以外の物の概念が理解される典型として基本レベルの概念が使用される
と青木は指摘している。基本レベルのカテゴリの形成には，身体化されたイメ
ージが基礎にあるということを彼は強調している。

　初期の動詞学習においても，イメージスキーマは注目されるものであり，初
期の動詞学習における日常生活でのイメージスキーマの形成とその個人差の問
題も今後，検討すべき課題であろう。

6. 身振りと表出言語との関係

　身振り（gesture）は，定型発達の子どもにおいては，生後7か月頃になると，
人や対象との関係で，おはしゃぎ反応といわれるような情動的表現としての身体
的運動から模倣を通して発展してくる。身振りから言語へと一般によくいわれる
ように，生後1年間に発達する身振りや表象的な動作的記号活動と表出言語の発
達との関連が指摘されてきたが（Clark, 2016），言語学習の内容との関連について
は十分に検討されていない。ヒトにおいては，意味のある話しことばと意味のあ
る身振りとは脳の反応において重なりがあるといわれている（Hurford, 2014）。

　前言語期にある子どもは，彼らの伝達意図を明確にするために身振りを用い
る。言語学習期における身振りの役割に関して，ゴスワミ（Goswami, 2014）
は，定型発達の子どもでは，生後10か月までに少なくとも4つのタイプが見ら
れると述べている。ひとつは，養育者の行動を導くものである。次に情動表出
を伝えるものである。三番目には，物に関わる身振りで，外に出たいことを示
すためにドアノブを回すといった行為である。最後に相互に関心のある対象に
他者の注意を向けるといった意味の共有を図るものである。

　初期の身振りに関して，ブルックスら（Brooks & Kempe, 2012）は，特定
の意味を伝える文化固有の手と身体の動きによる慣用的身振り（conventional

gestures），使用される状況によって意味が変化し，聞き手と話し手との文脈のなかで解釈される指さしのような手と身体による直示的身振り（deictic gestures），身振りによる命名ともいえる再認的身振り（recognitory gestures）に分けて考えている。一方，クラーク（Clark, 2016）は，言語発達との関連で，直示的身振りと表象的身振り（representative gestures）に注目している。表象的身振りは，直示的身振りの使用と並行して発達し，コミュニケーション機能だけでなく，象徴機能の発達が関わっている。腕をパタパタ動かして鳥が飛んでいる様子を表すように，指示対象を象徴化して意味を伝えるものである。身振り研究では，表象的身振りには指示対象と物質的に類似した身体による映像的身振り（iconic gestures）も含まれ，映像的身振りを，キャポンら（Capone & McGregor, 2004）は物の身振り（object gestures）とも呼んでいる。

　キャポンら（2004）は，定型発達では，最初の身振りの平均月齢は 11 か月，初語は 13 か月であり，最初のシンボル数 5 までは平均 0.79 か月，身振りによる表現が先行すると述べている。また，初期の身振りは言語発達を促進するものと考えられ，その点に関して生後 9 か月から 16 か月の範囲をマッキューン（McCune, 2008）は特に注目している。しかし，この月齢では，再認的身振りや表象的身振りに関しては，わずかな身振りが伝達のために用いられ，どちらかといえば，これらの身振りは表象の発達とともに遊びのなかで使用される（McCune, 2008）。

　マッカーサー乳幼児言語発達質問紙の「語と身振り」版（CDI-WG）では，「行為と身振り」として，初期のコミュニケーションの身振りや物の使用に関する動作的表現の発達を取り上げている。その構成は，言語発達の前提としての意図的コミュニケーションの発達やコミュニケーションの発達の基礎，そして，対象やその用途の理解といった観点から，〈初期のコミュニケーション身振り〉〈やりとり遊び〉〈物の使用〉〈人形遊び（養育者としてのふり）〉，〈大人の行為のまね〉の 5 つの下位領域からなっている。日本語版においてもこの 5 つの領域は踏襲され，身振り下位尺度としている。

　日本語版を開発した小椋ら（1998）の CDI-WG を用いた研究では，先の 5 つの下位尺度の合計得点を身振り総得点とし，その得点と表出語数とは年齢を一定にしたときには，生後 11 か月から 14 か月で低い有意な相関があり，ま

た，身振りと表出言語の関係は月齢によって異なることが報告されている（小椋ら，1998, 2016）。

初語出現前期から，身振りは模倣を通して広がりを見せるが，子どもの個人的な使用が見られ，省略化・簡略化されて，生産的に産出される。そこに，子どもの象徴能力の発達がうかがわれる。このような生産的な身振りが後の生産的な言語学習につながっていくのであろう。また，身振りの発達は身体性認知であり，言語発達との関連性もそのような観点から詳細に示していく必要がある。

第6章
ボキャブラリースパートをめぐって

1. 1語発話期後半における語彙の急増

　1語発話期の後半には，急激に表出語彙が増加し始める時期がある。このような発達的現象はボキャブラリースパート（vocabulary spurt）と呼ばれている（図6-1）。この現象は，物の名称の増加によるものと考えられてきた。これまで，研究者は，言語学習における子どもの方略の変化を明らかにしようとしてきた（Brooks & Kempe, 2012）。また，マッキューンは，より頻出する語の継続的な使用が続くスパートのような現象につながる基礎的な変化についての議論が必要ではないかと述べている（McCune, 2008）。

　生後2年目に入ると，出来事に語を単に連合させるだけでなく，語を指示的に扱うようになる（McCune, 2008; Brooks & Kempe, 2012）。この変化に関連して「即時マッピング」（fast mapping）が注目されてきた。即時マッピングは，物の名称の学習の文脈において，生後13か月頃から見られ始める。少しふれるだけで新しい語を取り入れていくことが即時マッピングである。

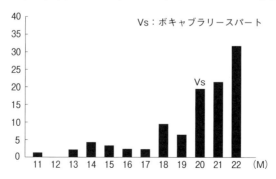

図6-1　定型発達児におけるボキャブラリースパート（A児，小山, 2009）

ボキャブラリースパートに関しては，その程度に個人差があることは以前から指摘されていた（Goldfield & Reznick, 1990）。英語圏の今日の言語発達研究では，さまざまな観点からボキャブラリースパートは注目されている。ファーナルドら（Fernald et al., 2001）は，生後2年めの子どもの理解言語に注目し，馴染みのある話しことばへの反応を絵を見ることによって調べ，語全体が聞こえる場合と最初の300ミリセコンドだけが聞こえた場合にアイトラッキング（eye-tracking）の方法によって検討した。そして，生後21か月児では部分的に聞こえた場合でも全体が聞こえたときと同じように認識された。次に語彙発達のレベルに関して，生後18か月で検討された。100語の語彙をもつ子どもでは，60語の子どもに比して，正確に特定できていた。また，速度に関しては，平均反応時間が短い子どもほど遅い子どもに比べてより正確に語の再認ができ（図6-2），より語彙量が多かった。このような結果から，ファーナルドら（Fernald et al., 2001）は，生後2年目の乳児はボキャブラリースパートに入る前に話しことばの入力の豊かさとその処理速度が増加していることを指摘している（Fernald et al., 2001）。

2000年以降は，事象関連電位（ERPs）などの電気生理的な手法（electrophysiological procedures）を用いた研究が盛んに行われている。そこからコネクショニズムモデルを越えた神経－数理モデル（neuro-computational model）が提示されてきている。これらのモデルは，いくつかの語についての知識が他の語の学習に役立つというモデル構成とのエビデンスを示すことである。最近の神経生理学的データからは，言語産出においてボキャブラリースパートが起こるこの時期に，語彙理解においても大きな変化が起こるとしている（Nazzi & Bertoncini, 2003）。

トーキルドセンら（Torkildsen et al., 2008）は，新しい語の理解における熟知性に関わる脳のメカニズムの力動性が子どもの産出語彙のサイズに関係しているのではないかと考え，生後20か月からERPsを偽単語の繰り返し課題によって調べた。彼らの研究結果では，際立った特徴のパターンの反復が子どもの産出語彙に影響を示していることがわかった。産出が高い子どもでは，3回の提示で新奇語が認識できる事実を示している。そして熟知化には，N400が関わり，産出語彙のスパートと受容語の熟知化の速度との間に関係があること

1. 1語発話期後半における語彙の急増　61

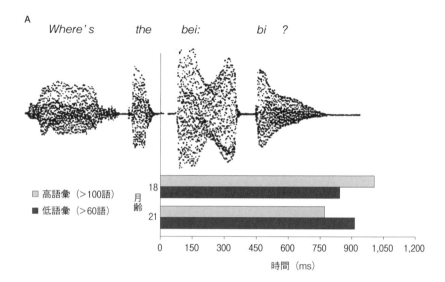

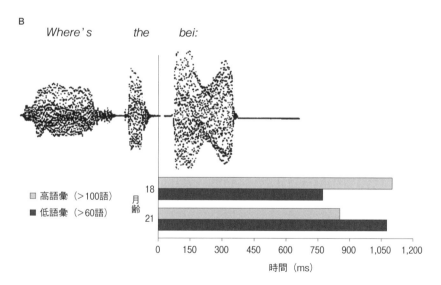

図 6-2　語全体試行と部分語試行における生後 18 か月児と 21 か月児の高語彙群と低語彙群の平均反応潜時（Fernald et al., 2001）

をトーキルドセンらは示唆している。ERPs による N400 は特に言語意識と意味的な連合の発達として，近年の研究では注目されている。他の研究においても生後 14 か月から 20 か月までは N200-400 は，語の表象の発達に関係していることが示されている。

メイオアーら（Mayor & Plunkett, 2010）は，早期の言語学習における素早いマッピングと分類的な反応について 1 語発話期における語彙の急速な獲得とともに説明する自己体制的マッピング（self-organizing maps）をもつ神経 - 数理モデルを提示した。彼らは，語と対象の連合とその般化の質と効果は，このモデルにおける前語彙的なカテゴリカルな表象の質に直接的に関連していることを見出した。また，このモデルのなかで，共同注意の役割も注目されている。さらに彼らは彼らのモデルが，語の般化における誤りや語彙発達に見られる個人差を説明できるとしている。

ミッチェルら（Mitchell & McMurray, 2009）は，いくつかの語の情報がその後の語の学習に役立つ過程を「学習の活用」（leveraged learning）モデルと呼んでいる。この学習の活用によってボキャブラリースパートを彼らは説明している。彼らの研究結果では，加速の形とタイミングを変化させることはできたが，関連するモデルがない場合には加速は難しいとしている。

このように，英語を母語とした子どものボキャブラリースパートとそこに見られる個人差に関する研究においては，近年では，コンピューターモデルによる実験が盛んに行われている。トーマスら（Thomas & Karmiloff-Smith, 2003）は，非定型発達の事例からもコンピューターモデルは，今日，個人差研究やその背景にある認知発達における多様性の研究に適用されていると述べている。語彙獲得に関するコネクショニストモデルについて，ハリス（Harris, 2004）は，「学習の速度における増加は学習の機能である」という興味深い指摘をしている。

2. 言語的発達と意味や概念化

それに対して，認知発達心理学者のマンドラー（Mandler, 2004）は，コネクショニストの方法論においては，意味や概念化（conceptualization）が無視さ

れていると指摘しており，それは今後の課題として重要である。概念化との関連では，生後 18 か月頃に網羅的なカテゴリー化（exhausitive categorization）が起こるとされ，個々の事物へというよりも指示的な対象カテゴリーへの音声パターンのマッチングが始まると考えられている（Nazzi & Bertoncini, 2003）。ナジィらは，このようなプロセスを「指示的メカニズム」（referential mechanism）と呼び，このメカニズムによって，時間とワーキングメモリの経済化につながり，スパートが起こるとしている。

　ボキャブラリースパート直後に見られる発達として，ネルソン（Nelson, 1999）は，語結合や文法の発生，語と語の関係がわかってくること，話しことばの流れのなかで新しい語をとらえることが可能になること，過度拡張，過度制限が減少することを指摘している。実際にネルソンの指摘にあるように，ボキャブラリースパートと 2 語発話の出現が一致する事例が多い。この時期の発達的（時間的）一致（correspondence）をどのように考えるかの問題が残されている。多くの語が学習されていくことにより，語と語の関係が理解され，ボキャブラリースパートと 2 語発話の出現時期が一致するともいえる。ガーシュコフ‐ストウら（Gershkoff-Stowe et al., 2006）は，「語の誤用」は，「類似性の産出，そして以前の活性化（特定の語の）で，対象，語，概念の確立された関係の強さ」として表面的に説明することができるとしている。ボキャブラリースパートの後，過度拡張や過度制限が減少するというネルソン（1999）の指摘は，対象，語，概念の関係が柔軟にとらえられるようになったということでもあろう。カテゴリー化と概念の発達は複雑であるが，ボキャブラリースパートにもカテゴリー化は密接に関係しているといえる。

第7章
シンタクス，語結合の発達

1．2語発話の出現

　ブラウン（Brown, 1973）は子どもの文法発達の指標として，発話に含まれる形態素の平均であるMLU（Mean Length Utterance, 平均発話長）を考え，4つの段階を提示した。段階Iは，MLU, 1.0～1.99であり，シンタクス（syntax）出現の段階である。

　1語発話期後半から，子どもはことばとことばとを結び付け始める。このような語連鎖，語結合はシンタクスの発達に向けての現れであり，また子どもの2語発話には，言語間で共通性が見られ，2語で表現される内容も共通していると指摘されていることは興味深い（Clark, 2016）。また，発達的には，シンタクス（統語）の出現は，語彙の発達からの分岐とも考えられ，さらには語の集まりではなく，より複雑な意味を表現するものである（Hohenberger & Peltzer-Karpf, 2009）。語の意味の学習はシンタクスの学習の基本的要素でもある（Ninio, 2011）。ハーフォード（Hurford, 2014）は，意味のあるより小さな要素によって複雑さが表現され，文法システムが創出すると述べている。シンタクスによる語結合は，他の語の意味をさらに特定化するための語使用のシステマティックな手続きであるので，語彙の増加とシンタクスの発達は循環的になされていく（Ninio, 2011; Brooks & Kempe, 2012）。

　チョムスキーは，「人間が「言語を学習する」という言い方が意味をなすのかどうか疑問に思う」と主張する（Chomsky, 1987）。チョムスキー（Chomsky, 1965）の「普遍文法」（Theory of Universal Grammar）は，母国語の学習についての子どもの仮説を生得的に制約するものであり，文法の統語的原理は人間の言語に共通していると考えている。ニニオは，「言語は学習可能である。と

いうのは，学習することがほとんどないからである」というチョムスキーの指摘を引用し，チョムスキーの生成理論の魅力は，その簡潔性であると述べている（Ninio, 2011）。

　一方，人間の言語は「学習」によって形成され，言語間における共通性は「生得性」だけによるのではないという立場もある（Saffran, 2003）。両者の立場に共通するもののひとつは，言語の「生産性」であるだろう。2語発話の開始はこの言語の「生産性」の兆しとして注目される。ホーエンバーガーら（Hohenberger & Peltzer-Karpf, 2009）は，ダイナミックシステムズ理論の立場から，生産性に対して，子どもが表現できる資源の制限と処理される情報量とが競合して，生産性が生じるという指摘をしている。ブルックスらによると「生産性」とは，さまざまな語のタイプに接頭辞や接尾辞が適用される広がりをいう（Brooks & Kempe, 2012）。そこには，過剰般化の誤り（overgeneralization errors）があるといわれてきたが，比較的少ないことが英語においても日本語においても指摘されている（Harris & Westermann, 2015; 小椋・綿巻, 2004b）。

　今日の研究では，子どもは，初語の学習期においてはシンタクス（統語）を用いていないが，2歳までに，語の意味について推測するためにシンタクスを用いることができるようになるとされている（Naigles & Swenson, 2005）。シンタクスとは，センテンスを形成するための語を結合するということである。また，シンタクスは自律的で形態と意味との一対一対応ではない（Ninio, 2011）。

　人間の乳児は早期から語順に敏感であることが指摘されてきた（Karmiloff-Smith, 1992）。また，シンタクスの発達に関しては，階層性を形成していくことが関係していると考えられる。マーカスは，ヒトの文法規則を学ぶ能力は，配列を認識して繰り返し行動を自動化する能力と，ヒトに独自の「階層的なツリー構造」を構成する特別な回路に依存しているのかもしれないと述べている（Marcus, 2004）。

　一方，2語発話や多語発話の発達には話し手の目的や主観的把握に基づいて変わる「意味変化」が関係しているが，この点に関してはこれまで十分に検討されていない。深田・仲本（2008）は，「意味変化には，言語生成者としての話し手が重要な役割を担っている。より正確に意味や考え，感情を伝えたい，よ

り強い影響を聞き手に伝えたい，等という話し手の思いが，このように既成の
語を創造的に用いていく動機づけとなっている」と述べている。しかしながら，
統語的結合の産出を学習している子どもは言語を再創出するのではない。子ど
もに向けられた養育者の発話によって形成され，子どもはそれを内化するので
ある（Ninio, 2011）。そこに，2語発話研究の意義と難しさがある。語結合は語
の系統的な使用の方法であり，他の語の意味をさらに特定化する（Ninio, 2011）。
その要因に人との関係性が考えられる。

　以上のような点に加えて，子どもの2語発話の出現とその発達には，この時
期の子どもの認知発達が関わっていることが注目されてきた（McCune, 2008）。
マッキューンは語と語とが結合される「結合能力」には，行為主と行為との関
係づけや出来事の要素に子どもの注意が変換され，出来事が要素に分化する
ことがあるとしている。そのようなことから，マッキューンはさらに象徴遊び
の水準における遊びが系列化を示してくることと語結合との関連性を指摘した
（McCune, 2008）。子どもが経験する出来事のなかでの子どもの注意の変換と
いう指摘は新しいものである（McCune, 2008）。この点については，チョムス
キー流の考え方や項目依存（item-based）の観点から，2つのものの結びつき
方をシンタクスが決定するという，結合される語彙素（lexemes）の語彙的意
味から計算される語結合の意味は構成的であるという言語学的な指摘（Ninio,
2011）とマッキューンの指摘との関連性を明らかにしていく必要があろう。

2. 統語の発達─ブートストラップ仮説

　2語・多語発話への移行で注目されてきたのがブートストラップ
（bootstrapping）仮説である。この仮説は，言語入力のある側面の知識が，
新たな言語システムのある側面の学習の近道として働くというものである
（Karmiloff & Karmiloff-Smith, 2001）。そして，プロソディ・音韻ブートストラ
ッピング，意味的ブートストラッピング，統語的ブートストラッピングが注目
されてきた（Karmiloff & Karmiloff-Smith, 2001）。

　ブートストラップは，日本語では，「立ち上げ」と訳されており，プロソデ
ィ・音韻ブートストラップは，文法的構造を特定するために音韻やプロソディ

（韻律）の手がかりを用いるものであり，意味的ブートストラップは，統語論を達成するための意味論の使用である。一方，統語的ブートストラップとは，意味を予測するための統語論の使用である。統語的なブートストラッピングは動詞の学習との関連が指摘されている（Brooks & Kempe, 2012）。また，文法の知識は，語彙項目に特殊的な個々の語がどのように使用されるかといった知識の蓄積の産物であるという語彙的ブートストラップ仮説もある。この点に関して，ニニオ（Ninio, 2011）は，文法発達における項目依存仮説を提示している。これは子どもが類似性に基づいて新たなセンテンスを創造するために語結合を般化するというものである。

　センテンスの複雑さ（complexity）の発達に注目する必要があるが，ハリスらは，その点について，単一の発話で子どもが結合できる語の数と語尾の形態的変化（文法的形態素）との2つの要素に注目している（Harris & Westermann, 2015）。そして，ハリスらは，CDIの結果から，生後24か月以降に急速なセンテンスの複雑さが進むことを指摘している（Harris & Westermann, 2015）。

▍3. 語と身振りの結合

　言語に先行する身振りによる伝達経験が言語による伝達の基礎になると考えられてきた。また，身振りと語の結合によって，子どもは，言語の結合力をとらえていくといわれている（Brooks & Kempe, 2012）。身振りの結合や身振りと語の結合は，出来事の異なる側面を指示することができる。複雑な意味を要素的に分割することは，何らかの事態を述べる述語とその事態を述べるにあたり必要不可欠な項からなる述語−項構造（predicate-argument structure）を形成し，後の語と語の結合の基礎となるといわれている（Brooks & Kempe, 2012）。

　さらに，ウェルナーら（Werner & Kaplan, 1963）は，この点については，2語の連鎖に必要とされるより長い調音（articulation）能力が可能となる音韻の発達という観点から検討している。より長い調音に関しては，これまで注目されてきた継起的1語発話（successive single word）やジャーゴン（jargon）と

の関連性が指摘されている。語連鎖に必要とされる音韻発達がこれらの音声行動の過程で促進されていると考えられる。これらの現象は，発達的には，「混在した行程」（chaotic itinerary）と考えられ，秩序化された状態への過程として，変化する秩序の程度の出現や増加するシステムの複雑さの結果としての下位システムの分化といった点からの検討が必要である（Hohenberger & Peltzer-Karpf, 2009）。

　次に，この時期の身振りでの表現が語連鎖にいかに影響しているかの問題が考えられる。この点について，クラーク（Clark, 2016）は，ゴールディン・メドゥ（Goldin-Meadow, 2007）の研究に注目し，語結合に必要なより長い音韻的つながりを発することができる以前に身振りは役立つと述べている（Clark, 2016）。さらに，クラークは，子どもの身振りが必要な語を養育者から引き出し，子どもの身振りを養育者が語に置き換えていることを指摘している。それによって，〈身振り＋語の結合〉から〈語＋語〉の結合へ置き換わっていくとしている（Clark, 2016）。

▌ 4. 2 語発話の発達と他者認識

　2 語発話の研究においては，格関係や 2 語で表現されることの認知基盤について検討されてきた。認知的には，他者認識の発達との関連での検討の問題が残されている。

　初期のシンタクスの発達では，センテンスの核（core）となるものが注目されてきた。ニニオ（Ninio, 2011）は，英語における核となる生産的な文法関係として，主語＋動詞（SV），動詞＋直接目的語（VO），そして動詞＋間接目的語（VI）に注目し，シンタクスの発達の初期段階において，シンタクスの知識の基礎として，それらを学習する必要があるとしている（Ninio, 2011）。

　たとえば，ハーフォード（Hurford, 2014）は，'Jim's theory is wrong' という例文をあげて，'Jim's theory' という名詞句は S で，主題 – 解説構文（Topic-Comment Structure）では，主題（topic）になっていると述べている。S ＋ V という基本的な文法関係の表現では，主語に関しては，その表現が曖昧である日本語においても特に他者の思いなどの叙述・説明（comment）には，主語に

70　第7章　シンタクス，語結合の発達

表7-1　子どもの初期の2語発話とその意味関係構造（小山, 2000）

月齢	2語発話	意味関係*
1：10（12）**	ブーブー　ママ	行為主 - 行為
1：10（18）	ママ　アッチ	場所
1：10（23）	ミミー　アメヨ	注目喚起
1：10（25）	ママ　ガーガー	場所
2：0（4）	ママ　ウンコ	注目喚起
	ママ　ブーブ	行為主 - 行為
2：0（5）	パパ　アッチ	場所
	パパ　バーバイ	行為主 - 行為
	ママ　テ	注目喚起
2：0（7）	パパ　モウ	再生起
	アッチ　コウ	場所
	オーイ　ニャンコ	注目喚起
2：0（10）	パパ　イナイ	非存在
2：0（12）	パパ　イッパイ	再生起
2：0（13）	ママ　テープ	行為主 - 行為
2：0（14）	パパ　コーヒー	行為主 - 行為
2：0（15）	ママ　バァン	行為主 - 行為
2：0（16）	ママ　バーバイ	行為主 - 行為
	ピーター　ネンネ	行為主 - 行為
	パパ　ゼンブ	再生起
	チッチャイ　ゾーサン	属性
	チッチャイ　ワンワン	属性
2：0（18）	ママ　モット	再生起
2：0（19）	ゾーチャン　イタイ	行為主 - 行為
	アンパンマン　イナイ	非存在
	シュッパツ　ゴー	注目喚起
2：0（22）	スヌーピー　ニャンコ	行為主 - 行為
2：0（24）	ハイ　ネーチャン	注目喚起
	バーバー　ジンジャ	場所
2：0（25）	ネーネー　ジージー	行為主 - 行為
	パパ　オシート	行為主 - 行為
	シューシュー　イタイ	行為 - 対象

* 意味関係構造については Brown（1973）を参考にした。
** 1歳10か月12日を示す。

よって明確に示すとともに動詞が核になる（Hurford, 2014）。そこには，自 -
他の認識や他者認識の発達が関連していると考えられ，Ｖについても人の行為
や動作が密接に関係していると思われるが，これまでの初期のシンタクスの発
達の研究においては，その問題について，取り上げられてこなかった。表 7-1
は，日本語を母語とするある子どもの初期の 2 語発話の内容であるが，ブラウ
ン（Brown, 1973）の 2 語発話で表現される意味関係構造で見ると，行為主，行
為といった他者の動きやその内容に興味・関心が向けられていることがわかる。
それは他者認識の発達とともに，人の行為の概念化につながり，すぐに動詞と
して現れず，物の名称が増加するプロセスがあって，それに相当する動詞（動
作語）が学習されていくと考えられる（小山, 1999, 2000）。そのような発達と
ともに，目的語（objects）は多様な意味的な役割を取るといわれており，その
結果，Ｓ＋Ｖ＋Ｏといった基本的な文法関係は多様な意味と結びついていき，
生産的であると考えられる（Ninio, 2011）。

▌ 5. 養育者の発話との関係

　2 語発話の発達において，子どもへの養育者の話しことばにおける形態と
機能の強い結びつきがあるといわれている。特にブラウンの段階 I では，子
どものシンタクスは養育者の発話と類似しているといわれている。ニニオは，
CHILDS（the Child Language data Exchange System）をもとに，養育者のコ
ーパス（言語資料）から 338,970 の先にあげた 3 つのコアとなるシンタクス関
係を特定し，1 歳から 3 歳半の子どものコーパスからも 25,796 の例を取り出し，
それぞれの 3 つのシンタクス関係の分布を示している。その結果，驚くほどの
一致を見出し，その半数以上が 2 歳から 2 歳半の年齢範囲に見られたと報告し
ている（Ninio, 2011）。この時期の養育者の発話と子どもの発話の類似性は興
味深く，このような 2 者の相互交渉を通して，他者理解も進んでいると考えら
れる。
　一方，初期の語結合の段階では，基本的なシンタクス関係において子どもは
有意に動詞を使用することは少ない。ニニオは，初期の 2 語発話における動詞
に注目し，3 つのコアとなるシンタクス関係における養育者と子どもの動詞に

72   第7章　シンタクス，語結合の発達

表 7-2　3つのコーパスにおける音節の長さによる統語的動詞の割合 （Ninio, 2011）

	長さ	タイプ	%（タイプ）	トークン	%（トークン）
養育者全コーパス	単音節	573	64.24	332,767	98.17
	多音節	319	35.76	6,203	1.83
	全動詞	892		338,970	
10 サンプルの平均値	単音節	313.0	75.92	25,313.8	98.13
	多音節	99.3	24.08	482.2	1.87
	全動詞	412.3		25,796	
子どもコーパス	単音節	258	88.36	25,342	98.24
	多音節	34	11.64	454	1.76
	全動詞	292		25,796	

表 7-3　養育者と子どもの話しことばにおける do と have の内容語的使用と文法的使用 （Ninio, 2011）

		養育者		子ども	
do	内容語的使用	1,570	（ 5.54%）	480	（37.85%）
	文法的使用	26,790	（94.46%）	788	（62.15%）
	全使用	28,360		1,268	
have	内容語的使用	2,527	（27.22%）	319	（68.02%）
	文法的使用	6,757	（72.78%）	150	（31.98%）
	全使用	9,284		469	

　ついて言語資料をもとに分析した。その結果，養育者の用いる動詞は短いもの
が多く，86%が単音節のもので，音節の長さが動詞の選択に大きく影響してい
ることを指摘した（表 7-2）。また，子どもの方も入力から選択する重要な変数
として動詞の長さがあるとしている（Ninio, 2011）。そして，子どもの初期の
動詞の使用は多義的なものの頻度が多く，意味が特定されるものの頻度は少な
く，have や do について見ると，たとえば，have は養育者は文法的使用が多い
が，子どもでは内容語的使用が多い（表 7-3）。さらに，養育者の話しことばに
頻出する全ての動詞を子どもは学習する（Ninio, 2011）（図 7-1）。英語では，be,
can, do, get, go, have, want といった動詞が子どもの初期の頻度が高いもので
ある。これらの動詞は子どもの語用的なニーズに役立っているとニニオは指摘
している。初期の動詞については，表 7-4 に示されるように限られた動詞から
「動詞島構成」（verb-island construction）へと進展し，成人様の構成になると

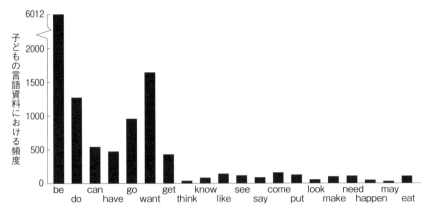

図 7-1　養育者の言語資料における最も頻度が高い 20 の動詞 (Ninio, 2011)

表 7-4　初期のシンタクスにおける構成の型の出現 (Tomasello & Brooks, 1999; Clark, 2016)

		出来事の語彙に よる分割	参入する役割の 特殊化	特定の出来事のタイ プのカテゴリー化
1 語発話	(1;0+)	−	−	−
語結合	(1;6+)	+	−	−
動詞島構成	(2;0+)	+	+	−
より成人に近い構成	(3;0+)	+	+	+

いわれてきたが（Clark, 2016），養育者が使用する動詞との関連で検討すると，うなずけるものがある。

　英語を母語とする学習者においては，シンタクスの知識の基礎として初期のシンタクスの段階で，主語 - 動詞，動詞 - 目的語，そして動詞 - 間接目的語の核となる文法的関係を学習することの必要性が指摘されてきた（Ninio, 2011）。そこには他者認識の発達が関係していると考えられる。英語圏の子どもでは，助動詞や連結などについての文法的ルールの内面化が指摘されており（Ninio, 2011），それは言語の心（spirit）につながると考えられ，興味深い。そして，養育者のシンタクスの内面化は語彙の獲得と類似のプロセスを取るのではないかと，ニニオ（Ninio, 2011）は指摘している。

第8章

言語発達における個人差・発達スタイル

1. 言語獲得初期に見られる個人差・発達スタイルをめぐって

　初期の言語学習に関する研究においては，そこに見られる多様性が注目されてきた。たとえば，1語発話期後半に見られるボキャブラリースパートについては，第6章で述べたが，「物に名前のあることの発見」をその大きな要因のひとつとして考えることには，議論がある。ハリスとバターワース（Harris & Butterworth, 2002）は，初期の語使用において文脈拘束的に使用される語と文脈的には弾力的に使用される語があることを指摘している。このような文脈拘束的な語使用と特定の文脈を超えた柔軟な語使用から，「物に名前があることの発見」のような突然の発達はないことが示唆されるとバターワースら（Harris & Butterworth, 2002）は述べている。このような指摘は，初期の言語学習過程における多様性の問題と関係し，認知発達などの個人差・発達スタイルの問題からの検討も必要であることを示している。

　言語学習に関しては個人差（individual differences）が大きく，語彙発達においても獲得の速度やその内容といった点で個人差が指摘されてきた。ゴールドフィールドらの研究（Goldfield & Reznick, 1990）においても，ボキャブラリースパートが観察された子どもと観察されなかった子どもとでは，語彙獲得の方略がそもそも異なるのではないか，と述べられている。ゴールドフィールドらが指摘するように，語彙学習の方略が子どもによって違うと仮定するならば，その基盤がどこにあるのかを探っていかなければならない。個人差・発達スタイルの研究の意義はそこにあるといってよいだろう。マックシェーン（McShane, 1980）が述べているように，言語学習初期の特徴は子どもの前言語期における経験によるのかもしれない。

76　第8章　言語発達における個人差・発達スタイル

　1973年にネルソンが，18例の定型発達の子どもを対象として初期の表出語
彙50語について機能的観点から分析した結果，一般名詞類が半数以上を占め
るリファレンシャル・スタイル（referential style: わが国では「指示型」と呼
ばれている）と情緒的な状態と社会的関係を表現する個人・社会語が多く占め
るエクスプレッシブ・スタイル（expressive style: わが国では「表現型」と呼
ばれている）とを指摘して以来（表8-1），米国を中心とした英語圏では，初期

表8-1　群別に見た50語の語彙カテゴリー分布状況（Nelson, 1973より筆者改変）

カテゴリー	リファレンシャル群 （N = 10） （%）	エクスプレッシブ群 （N = 8） （%）
特定名詞類		
人	12	13
動物	1	2
物	1	1
一般名詞類		
物	41	20
物資	8	5
動物と人間	11	8
文字と数字	1	1
抽象	1	1
代名詞	1	4
動作語		
要求 − 記述	10	12
注意	2	3
修飾語		
属性	1	1
状態	5	7
場所	1	3
所有	1	1
個人 − 社会語		
断定	2	6
社会的表現	3	5
機能語		
疑問	1	3
その他	1	5

の言語学習過程に見られる個人差に関する資料が集積されてきた（Bates et al., 1988; Shore, 1995）。古くから問題にされてきたことであるが，この問題は，現在においても言語発達の諸側面を検討する場合に関係してくる。また，この言語学習期にある子どもの発達を考えるうえでも非常に興味深い問題である。

　言語学習初期に見られる個人差の要因について，古くは，ベイツら（Bates et al., 1988）が，社会的要因，言語に関わる要因，神経学的要因，認知的要因を指摘している。また，彼女らは，意味，文法，語用，音韻，人口学的観点から個人差の特徴をまとめている。初期の言語発達には，さまざまな発達が絡んでいると考えられる。言語学習初期に見られる個人差は，複雑な発達のダイナミクスによるもので，それを明らかにしていくことは初期言語学習過程の解明にもつながるものと筆者は考えてきた。この点については，今日では，マッキューンがダイナミックシステムズ・アプローチの観点から検討している（McCune, 2008）。

　前言語期において，乳児を観察していると，対人志向性の高い乳児や物への志向性の高い乳児が見られる。ベイツら（Bates et al., 1988）は，この点に関しては語用的な側面に見られる特徴としてあげている。このようなことから小山（2000）は，前言語期の子どもの物と人への志向性におけるスタイルと言語獲得初期の個人差・発達スタイルとの関連性について指摘している。

2. 指示型・表現型再考

　これまで，初期の言語学習のスタイルに関して，いくつかの観点から，スタイルが考えられてきた。英語を母国語とする子どもでは，代名詞をよく使用する代名詞型と名詞型というとらえ方がある。このタイプ分けについては日本語を母国語とする子どもでは明らかではない。また，定型句やフレーズをよく使う定型句・フレーズ型と指示型というとらえ方もある。ショアー（Shore, 1995）はこのタイプを重視している。確かに，障がいのある子どもにおいて，特に自閉スペクトラム症の子どもでは，定型句・フレーズから言語活動が盛んになり始める事例も見られる。さらに，音声的側面から，プロソディー型と音韻分析型という見方もある。このタイプ分けについては，前言語期におけるも

のとして注目される。これまでの個人差・発達スタイルに着目する際のタイプ分けにおいて，物の名称が優位であるリファレンシャル・スタイルはひとつの極として考えてよさそうである。

また，ネルソン（Nelson, 1973）は，物の名称が優位であるリファレンシャル・スタイルの子どもは儀式的な命名ゲーム（naming game）の経験が多かったと述べている。そこで，注目されるのが，神土（2008）が指摘している他者との相互作用における「子どもの選択性」である。絵本場面のような関係性のなかでの子どものことばの入力に対する選択性の問題なのである。子どもの選択性については，本書で一つのテーマとしてきた，内面化の過程が関係してくる。言語学習と経験との関連を考えるとき，さまざまな経験の内面化の問題について考えていかねばならないのである（小山, 2009）。

言語学習過程における発達スタイルに関して考えられてきた理解先行と模倣先行の問題にもこの点が関連しているのではないだろうか。また，ネルソン（Nelson, 1973）が指摘したカテゴリやタイプについての議論のあるところだが，初期の言語学習のプロセスにいくつかのタイプを想定し，そのタイプが前言語期のどのような活動の影響を受けて顕現してきているのかを探ることは今後，乳児の言語学習過程における連続性・非連続性を解明していくうえで必要ではないかと考えられる。

特に1語発話期では，「言語における対象化」が始まる時期でもある。そこで，そのような発達を進めるものは何なのか，前言語期からの諸発達が揃ってきて，それらを体制化して，発達を進めるものが何なのかを探ることが（ダイナミックシステムズ・アプローチでは，「統制（制御）パラメータ」にあたる），言語学習過程を解明していくうえで必要である。言語学習過程に見る個人差の問題はそのための足がかりを与えている。

国際的には，初期の言語学習研究において，多様性の観点から，マッカーサー乳幼児言語発達質問紙（Fenson et al., 1993）によって，言語間の比較がこれまで行われ，特に養育者の報告による資料が集積されてきているが，子どもの認知発達との関連性を示す実証的資料に関してはまだ乏しい。そのなかでも日本語を獲得する子どもの多様性の資料が国際的にも必要とされ，子どもの認知発達と言語学習との関連性について新たな観点からの実証的資料を示して

いかねばならない。また，そこに影響すると考えられる SES（Socio-Economic-States: 社会経済的状態）との関連性についてもわが国においては資料が乏しく，国際比較においては検討を要する。SES との関連で問題にされているのは，「発達のアウトカム」の問題である。初期の多様性が後の言語発達とどのように関連しているのか，近年，欧米の文献でよく目にするようになった 'good development'，良い発達という観点からも，個人差・発達スタイル，その結果，見られる多様性に関する研究は重要であろう。'good development' とは，日本語にするのが難しいことばでもあるが，「充実した発達」ともいえるであろう。

3. 言語発達過程における個人差・発達スタイル

ネルソン（Nelson, 1973）が指摘した初期 50 語に見られるスタイルがなぜ生じるのかであるが，その点についてこれまでの研究をまとめると，少なくとも以下の 4 点が研究課題として残されているといえる。①認知スタイルとの関連性，②気質との関連性，③前言語期からの関連性，④ SES との関連である。

認知スタイルとの関連では，全体的（holistic）にとらえる子どもと分析的（analytic）にとらえる子どもとの関連性が指摘されてきた（Shore, 1995）。この問題は，言語処理速度における個人差とも関連があり，その背後に言語入力の豊かさがあると，ローランド（Rowland, 2014）は述べている。また，認知発達に関しては，動作的記号活動と音声的記号活動との関連性から見ていくことも必要で，小山（2008），神土（2008）は，象徴遊びと表出言語に見られる個人差・発達スタイルという点に着目して検討している。小山（2008）が報告している事例（表 8-2）は，理解先行型の子どもである。それに対して神土（2008）の事例は，「音声表現優位型」の事例と考えられる（表 8-3）。

初期の言語獲得過程に見られる個人差・発達スタイルで注目される意味的要素のみの強調とダミー語の使用がこの 2 例では比較的よく現れている。一般に理解先行型の子どもは，初期の語彙獲得のペースは緩やかであることが指摘されている（Shore, 1995）。事例 1 に比して，事例 2 のほうがボキャブラリースパートの出現も数か月後である。それに対して，象徴遊びにおいては事例 1 のほうが早く進んでいる。まさに，事例 2 は，神土（2008）が指摘しているよう

80 第 8 章 言語発達における個人差・発達スタイル

表 8-2 2 歳 0 か月までの表出言語と象徴遊びにおける主な発達（事例 1）（小山, 2008）

表出言語		象徴遊び	
初語	0：11 (6)	自己にむけたふり	0：11 (23)
ジャーゴン	1：2	他者にむけたふり	1：0 (6)
語の模倣	1：2 (6)	現実とごっこの混同	1：6 (2)
修飾語	1：2 (17)	みたて	1：7 (9)
ボキャブラリー・スパート	1：8 (9)	他者のふり	1：8 (8)
初期 50 語	1：9 (5)	マイム	1：10 (26)
般化	—		
質問行動	1：9 (5)		
機能語	1：9 (14)		
2 語発話	1：10 (12)		
ダミー語	—		

注）—は未出現を表す。

表 8-3 2 歳 0 か月までの表出言語と象徴遊びにおける主な発達（事例 2）（神土, 2008）

表出言語		象徴遊び	
初語	0：11	自己にむけたふり	1：2 (15)
ジャーゴン	1：7	他者にむけたふり	1：2 (15)
語の模倣	1：5	現実とごっこの混同	1：10 (7)
修飾語	1：2 (25)	みたて	—
ボキャブラリー・スパート	1：5	他者のふり	—
初期 50 語	1：4 (0)	マイム	—
般化	—		
質問行動	1：7 (7)		
2 語発話	1：2 (16)		
ダミー語	1：8 (9)		

注）—は未出現を表す。

に，音声表現優位型といえよう。語彙カテゴリーにおける種類の豊かさと少なさとゆっくりとした語彙獲得のペースと速いペースの語彙獲得のペースの問題も象徴遊びに見られる動作的記号活動との関連で見ると興味深い。

　気質に関しては，ショアー（Shore, 1995）は，「冒険型」と「慎重型」を指摘しており，初期言語発達過程に見られる個人差・発達スタイルに関する研究のなかで，その後，あまり検討されていない問題である。小山（2008）が観察

した事例では,「理解先行型」でリファレンシャル・スタイルであった。この事例は気質的には「慎重型」であったとしている。他者のことばを取り入れながら自らの意味を構築していく「模倣先行型」は,気質面では「冒険型」と対応すると考えられるが,気質と周囲で語られる語への感受性に見られる個人差の問題は興味深く,今後検討すべき課題である。

　前言語期からの連続性については,ネルソン(Nelson, 1973)のスタイルでいうエクスプレッシブ・スタイルの子どもは,前言語期において人との関係,物との関係がバランスよく進展していくことをKoyamaら(1992)は指摘している。一方,ネルソンが着目したリファレンシャル・スタイルの子どもは前言語期において物への志向性が高いという指摘があり(Shore, 1995),物の操作の様相との関連を検討していく必要がある。また,第1章で述べた対象の表現性への子どもの感受性との関連も考えられる。

　SESに関しては,特に文法発達に見られる個人差との関連で英語圏では検討されている。フレッチャーとオトールは,ウェルズ(Wells, 1985)の研究をも

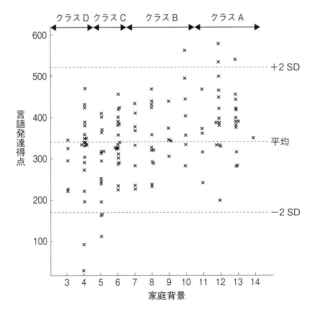

図8-1　生後42か月時の家庭背景による子どもの言語発達スコアー(Wells, 1985; Fletcher et al., 2016)

とに，42か月での子どもの文法構造とその機能を測る言語発達尺度の得点と，養育者の職業や教育レベルを測る「家庭背景尺度」（Family Background Scale）との関連性を示したウェルズらの結果から，子どもの言語発達と家庭背景尺度から4つのクラスに分け，SESとの関連について指摘している。図8-1に示されているように，子どもの言語発達には多様性が見られる。そして，非常に言語発達得点が低い子どもはクラスDに見られ，また非常に高い子どもはクラスAに見られることをフレッチャーらは指摘している（Fletcher & O'Toole, 2016）。

4. 多様性の問題

　本章第1節でも述べた言語発達研究においては，これまでの事例研究や少数の子どもの資料に加えて，近年では，多数の子どもを対象とした研究が集積されてきている。多数の子どもに関する資料の分析のなかで，多様性が問題となってきており，個人差の問題とも密接に関係してきている。

　過去，個人差に関する縦断的研究は，養育者の子どもへの話しことばのさまざまな側面に見られる個人差と，子どもの話しことばにおける個人差との関連性を示してきた（Huttenlocher et al., 2010）。また，SESや子どもの出生順位と個人差について，ベイツ（Bates et al., 1988）が個人差の要因として指摘して以来，さまざまな研究がなされ，SESの差は養育者のセンテンスの型の多様性に見られていた。また，第一子へのことばかけのほうがその後に生まれた子どもへのものよりも複雑であることが指摘されてきた（Huttenlocher et al., 2010）。その点に関連して，統語の発達における個人差とSESや出生順位との関連性やその背景にあるメカニズムについてはまだ明らかでない。

　ハッテンロッチャらは，アメリカ，シカゴの47組の母子を対象とした生後14か月から46か月までの縦断的資料をもとに，初期の言語発達における個人差とその養育者の発話の影響について多面的に検討した。この研究では，家庭での日常的な活動，90分間ビデオ録画をもとに，母子ともに語彙の多様性（産出語タイプ），シンタクスの多様性（句の中で使用される構成素の多様性と句の結合の異なる様相の多様性）について検討している（Huttenlocher et al., 2010）。

子どもの発話において生後 26 か月の句の多様性以外は個人差が見られることを統計的に示し，語彙の多様性と句の多様性は月齢が上がっても一貫し，構成素の多様性もかなり一貫していることが示されている。このことから子ども間の個人差の安定性（stability）についてハッテンロッチャらは言及している。このような子どもの言語における個人差と母親の話しことばの多様性と量について，ハッテンロッチャらは以下のように報告している。子どもの語彙の多様性は養育者の語彙の多様性と量によって予測されるが，句の多様性によっては予測されないが，句（phrase）の構成素によっては予測される。養育者の構成素の多様性は子どもの構成素の多様性を予測するが，句の多様性によっては予測されない。子どもの句の多様性は養育者の句の多様性あるいは使用される句の数によって予測される。また養育者の語彙の多様性，句の多様性のどちらも子どもの句の多様性を予測する。

ハッテンロッチャらの研究では，子どもの個人差の予測として，養育者の発話における多様性を測定し，それに一致する形式や多様性は強く予測するとしている。養育者の特定の統語的構造の頻度はいうまでもなく，養育者の発話によく現れる構造は子どものより早期の発話に現れるとしている。そして語彙に関しては双方向の影響を示唆している。すなわち，早期の子どもの語彙が後の養育者の語彙に影響を与えているというものである（Huttenlocher et al., 2010）。

ハッテンロッチャらは，子どもの統語構造の発達への養育者の発話の影響を指摘したが，語と語のつながり，シンタクスの発達について，個人差・発達スタイルの研究は少ない。古くは，ピボット - オープン（pivot open）と電文体（telegraphic speech）が注目されてきたが，ピボット - オープンに関しては，多数の発話サンプルを数量的に検討すると，必ずしもうまく説明できないとニニオ（Ninio, 2011）は指摘している。この指摘は，個人差という観点からは重要でピボット - オープンを初期のシンタクスの発達の段階で取る子はいるということである。ニニオは，シンタクスの発達において重要な動詞の獲得は，名詞の獲得と類似して即時マッピングが見られ，かつ語彙の発達と非常に関連があるとしている。そうだとすれば，語彙の学習における個人差が動詞の学習にも反映され，シンタクスの発達につながっているともいえよう。

84　第8章　言語発達における個人差・発達スタイル

筆者は，初期のシンタクスの発達において，動詞の結合価（valency）に注目している。結合価とは述語が取る行為項の数である。この点は先にふれた内面化の問題とも関連しており，そこに個人差があると考えられるのである。

▌5. 言語発達過程における複雑性を示す個人差

言語発達過程に見られる個人差は，あるシステムの部分的な要素が相互に作用し複雑な行動が創発するという言語発達における複雑性（Davis & Bedore, 2013）を特徴づけるものとしてとらえられる。そこでは先に紹介したハッテンロッチャらも着目した安定性が注目される。

語彙発達に関して，ドドリコら（D'Odorico et al., 2001）は，42例のイタリアの1歳過ぎ（1;0 ± 1;1）の定型発達の子どもを対象にイタリア語版CDIを用いて，200語に至るまでの語彙内容について，50語レベル，100語レベル，200語レベルで検討した。その結果，語彙獲得の速度には多様性があり（図8-2），子どもによって，ボキャブラリースパートと語のタイプとの関係が明らかになり，CDIを用いた他の言語による報告との類似性をドドリコらは指摘している。そしてボキャブラリースパートはその子どもの語彙量と関係があることが明らかにされている。また，協力者の28%が50語レベルではリファレンシャル・スタイルに相当し，100語から200語では，スタイル的なものが見られなくなり，語の構成で優勢になるものはなかったと報告している。

語彙の発達は，文法発達とも関係があり，その後の読みや書きに影響を与える重要な側面であることが指摘されている（Roy & Chiat, 2013）。また，ことばの遅れの研究からSESに関しては，語彙入力の違いから低い語彙レベルにある子どもが報告されるなど，家庭の収入レベル，出生順位，親の教育歴等から主に検討され，興味深い知見が報告されてきている（Roy & Chiat, 2013）。SESと関連した発達のアウトカムの研究によると，言語のアウトカムとSESとの関係は非線系的であることが指摘されており（Roy & Chiat, 2013），そのような点を踏まえて，言語環境と子どもの言語処理といった観点から個人差の研究を進めていくことが今後さらに必要である。

さらに，個人差の研究において，安定性を見ていくことと，「グッド・ランゲ

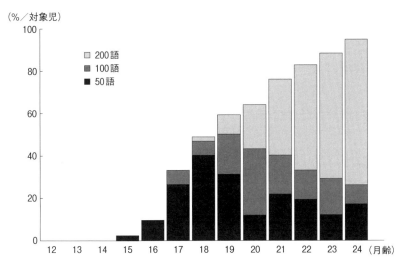

図 8-2 生後 12 か月から 24 か月における 50 語, 100 語, 200 語に至った子どもの比率
(D'Odorico et al., 2001)

ージ・ディベロップメント」(good language development), 良い言語発達との関係の検討が今後の課題として残されている。

第9章

他者の心の理解の発達と言語学習

　トマセロ（Tomasello, 1999）は，ヒトは霊長類とはまた違った形で生物学的に文化に適応し，歴史的時間のなかで文化的伝統が漸進的に修正・蓄積されてきた（漸進作用）と述べている。また，「適応の鍵は他者を自己のように意図的な動作主として理解できることである」と指摘している。

　1980年代には，発達研究において，信念（belief）や欲望（desires）に基づいて，いつ頃から子どもは他者の行動を予測できるようになるのかといった点に関心がもたれた。ドハティ（Doherty, 2009）によると，それは，幼児は非常に自己中心的（egocentric）であるというピアジェの理論の影響であったという。その後，今日に至るまで，「心の理論」（Theory of Mind）に関する研究は非常に盛んに行われてきた。2001年のウェルマンらのメタ分析によると，77の論文において178の研究があり，591の条件が選択されている（Wellman et al., 2001）。そして現在では，「心の理論」という語が傘下的なことばであり，誤信念課題を中心として「心の理論」が論じられてきたことに対する批判もあり，「心の理論」の発達と言語学習のテーマは「心の理論」研究の流れのなかで重要なテーマとなっている（Astington & Baird, 2005）。

　わが国では，既に神土（2000）が，定型発達の子どもの縦断的観察資料をもとに他者理解と言語獲得との関連性を問題にし，「他者の発話を模倣していくなかで，共通の表現形式を，また他者の思考を他者のことばから理解することによって，共通の思考体系を培い始めていることがわかる。そこに自-他の分化が見られることによって，他者と対等な立場での，決して受け身でない互いの世界を共有するための会話というものが見られ始めているのである」と述べている。神土の記述のなかに，「他者の発話の模倣」や「他者の思考を他者のことばから理解する」といった今後の研究的課題が盛り込まれている。今日で

は，ナラティブ（narrative）と「心の理論」の発達が注目され，「心の理論」の発達と言語獲得との関連性については相互作用的な観点から検討され始めている（藤野, 2011）。さらに，心的状態語の使用と誤信念課題に通過する時期とが重なり，また「意味」の発達が「心の理論」の発達に影響し，特に語彙の発達の寄与が指摘されてきた（Doherty, 2009）。

　子どもは心的状態についての表象発達のために言語が必要なのか，あるいは，「心の理論」の発達によって，言語学習が進むのか，「心の理論」の発達と言語との関係は非常に複雑であるとドハティ（Doherty, 2009）は近年の研究を概観して述べている。

1. 「心の理論」の発達

　「心の理論」（Theory of Mind: ToM）とは，他者の心的状態について考え，他者がどのように考えるのかという理論を形成する能力である（Harris & Butterworth, 2002）。ローマンら（Lohmann et al., 2005）によれば，「心の理論」は狭義には，「誤信念」（false beliefs）の理解として定義され，広義には，より一般的に他者理解についての子どもの発達であり，「社会的理解」（social understanding）と呼べるとしている。人は経験，知覚，信念，欲望がそれぞれどのように関連し，そして行動と関連しているかについて考えをもっており，それによって人の行為を予測し説明する。このようにわれわれの「心の理論」は理論的であるという考え方は‘Theory Theory’と呼ばれてきた（Doherty, 2009）。「心の理論」の発達は，生後間もなくから嘘をつくことや，10歳ぐらいになると他者の嘘をあばくといったように漸進的に進む。

　一方，ネルソン（Nelson, 2005）は，「心の理論」の発達を考えるにあたって，図9-1に示すような個々の子どもの時期に理論があって継次的に「心の理論」の発達がなされていくのではないと述べている。また，「心の理論」の発達に

$$ToM_1 \xrightarrow{データ} ToM_2 \xrightarrow{データ} ToM_3 \xrightarrow{データ} 真のToM$$

図 9-1　理論の見方（Nelson, 2005）

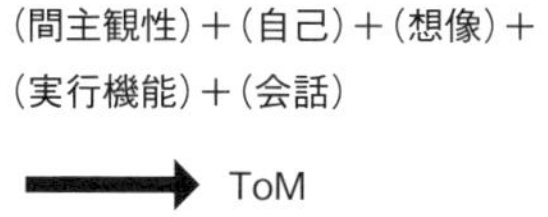

　　　　　　（間主観性）＋（自己）＋（想像）＋
　　　　　　（実行機能）＋（会話）

　　　　　　➡ ToM

　　　　図 9-2　包括的な発達的見方（Nelson, 2005）

は，愛着，ふり，実行機能，メタ表象能力が先行する能力として考えられ，図9-2 に示す間主観性（他者と相互に働き合い，新たな関係様式を作り出し，自己，あるいは他者のありようを変えていくこと）や自己，想像，実行機能，会話などの発達があって心の理論の発達につながるとしているが，直接的な因果関係を示すことは実証されていないとネルソン（Nelson, 2005）は指摘している。しかし，言語・コミュニケーションの発達に困難さを示す自閉スペクトラム症の子どもにおいては「心の理論」の発達に困難さが指摘され（Frith, 2008），その背景には，自己感や想像，実行機能における問題が影響していると考えられている（Frith, 2003）。たとえば，自閉スペクトラム症の子どもの言語発達は，図 9-2 を支持するように思われる。

　ネルソン（Nelson, 2005）は，先の神土（2000）同様，複雑な言語の獲得が，「心の理論」や社会認知機能の発達に大きな影響を与えるとしている。さらに，共同体のメンバーに子どもが入っていくには，「心の言語」(language of minds）を学習しなければならないとネルソンは指摘する。この指摘は，まさに「心の理論」と言語発達との関連性を示しているものといえる。

　このようなことから，ネルソンは，「心の共同性」(Community of Mind: CoM）という概念を提示している。それは役割や共同体のルールを認識することと重なる。ネルソンは，心の共同性（CoM）と言語獲得との関連性を図9-3 のように考えている。乳児期初期から人の子どもは社会的経験，会話，語

図 9-3　心の共同性への経路（Nelson, 2005）

りを受け，共同体の言語ゲームに加わることに対して社会的な強化を得てい
く（Hurford, 2014）。そして，CoM を獲得していく。共同体での語りが「心の
理論」の発達につながるというのである。言語の意味には CoM が当然関わり，
語や社会的経験，話を聴くことやそのストーリーの質が CoM や複雑な言語に
関連していることを図 9-3 は示している。そこには個々の認知能力がかなり影
響を与えているだけでなく，共同体のなかでの他者理解と言語発達とは密接に
関係していると考えられる。さらに，そこから，個々の子どもに見られる認知
能力における多様性が CoM の形成や複雑な言語の獲得といかに関連している
かを明らかにしていくことは，言語発達における個人差の問題を考えるうえに
おいても興味深い。

アスティントンとベアード（Astington & Baird, 2005）は，言語の多面的特
性を取り上げ，表 9-1 に示すような内容を考えた。人の言語は，個人内での表
象システムと個人間でのコミュニケーションシステムとして用いられる。個人
内での表象能力は，筆者は象徴化能力としてとらえてきた（小山, 2009）。それ
は思考の発達にもつながると思われる。表 9-1 では，アスティントンらは，言
語を機能と構造レベルでとらえており，個人的能力としての言語の構造をコミ
ュニケーションにおいて使用する能力としての語用能力と社会的文脈，そのプ
ロセスでの意味論と統語の発達を指摘している。これらの発達と「心の理論」
の発達との関連性を検討していくことが必要である（小山, 2011a）。

語用能力は，子どもの知識にない概念のパーツに対する事実を提供する表
9-1 にもあるように会話の成立にとって欠かせないものである。言語発達が著
しい時期にある子どもの語の意味の学習は，周囲の大人の語りを聴くことによ

表 9-1　言語の多面的特性（Astington & Baird, 2005）

言語					
機能			構造		
表象 （言語的思考）	コミュニケーション（談話）		全般的言語	心的状態語，特に動詞	
	語用能力 （個体能力）	言語的環境 （社会的文脈）		意味論 （心的状態，語彙 を表示する）	統語論 （心的動詞の文的 補語）

ってなされていく（Nelson, 2005）。語用の発達においても，他者理解が大きく関わっているといえる。

　ToM と CoM の形成，および子ども個人内での思考が連関して新たな文化が創造されていく契機となるのではないかと筆者は考えてきた（小山 , 2011a）。そこに言語の役割があるといえる。

2. 「心の理論」と言語学習に関する近年の研究動向

　「心の理論」と言語発達との関連については，これまで，心的状態語の獲得に誤信念課題の通過が必要であるかどうか，また，「心の理論」の発達が心的状態語の獲得を促すのかどうかといった点から検討されてきた。このような心的な語彙は，メタ認知的言語（metacognitive language）とも呼ばれ，思考や認識，信念，欲望を述べるための言語であり，後のメタ表象能力の前駆体として考えられてきた（Grazzani & Ornaghi, 2012）。さらにこれらの語の獲得を観察することは，子どもの心の発達を知る良い道具であるとされてきた。

　言語発達との関連での研究的関心のひとつは，心的語彙の理解によって，誤信念課題の遂行が促進されるかどうかであった。「マキシはチョコレートがどこにあると間違って思っている？」という質問であると，3歳児でも誤信念課題に対して上手く答えられるのは，子どもは，成人のように信念に関する語（belief terms）を理解していないということが考えられる（Doherty, 2009）。

　「心の理論」の発達は，言語においてもシンタクス（統語）の発達に依存するという指摘もある（Astington & Jenkins, 1999）。シンタクスの獲得との関連では，語の順序を辿っていくことは，現実に関連して他者の心的状態を把握していく能力と関係しているかもしれない（Doherty, 2009）。特に，心的状態語は特定のシンタクスの形式を取るということである。英語においては，心的状態を表示するためには，文的補語（sentential complementation）を理解して使用しなければならない。文的補語というのは，Maxi thinks that the chocolate is in the cupboard.（マキシはチョコレートが戸棚にあるということを考えている）のように，センテンスのなかの that の後に前提（preposition）を置き，言及する形である（chocolate is in the cupboard が前提である）。センテンスに文

的補語を埋め込むことができるシンタクスの統語能力がないと前提的な態度を表示することは難しい（de Villiers & de Villiers, 2000）。デ・ビィリェアーズらは 28 例の 3 歳から 5 歳の子どもを対象に自発的な発話の産出と理解についてさまざまな側面から縦断的に検討し，並行して誤信念課題を実施した。回帰分析の結果，シンタクスの特定の側面，特に時制の補語が誤信念課題の遂行の前提にあることを見出している（de Villiers & Pyers, 2002）。

また，ペスキンら（Peskin & Astington, 2004）は，メタ認知的言語にふれることが心的状態の概念的な理解によりつながるかどうかを検討した。4 週にわたって，親や教師，大学院生が幼児（平均 4 歳 6 か月）に 70 の絵本を読み聞かせた。実験群には明らかなメタ認知的言語が用いられた。統制群には同一の本が用いられたが，メタ認知的言語は使用されず，多くの話やイラストで他の視点について考えることが必要とされた。その結果，実験群においてメタ認知的言語にふれた子どもにはストーリーを述べるときにメタ認知的動詞の使用が有意に多く見られたが，メタ認知的言語の理解においては進展が見られなかった。このことから，概念的な理解の前に「使用する」ことが必要とされるとペスキンらは指摘している。また，統制群のほうが，誤信念の説明においては優っていた。この結果は，多くのメタ認知的言語を話の中で耳にすることは，イラストやテキストから心理的解釈を能動的に行うことよりも重要でないことを示唆しているとペスキンらは述べている。

メタ認知的言語の獲得をめぐっては，日常的行為のなかで子どもの他者理解とともにその理解が深まっていくのか，縦断的資料をもとに検討していく必要があろう。

3. 乳児期からの他者理解の発達

近年の「心の理論」研究におけるトピックスは，生後 15 か月の子どもが誤信念課題を達成できるというものである（Onisni & Baillargeon, 2005）。これまでの前提は，「サリーとアン課題」（Sally-Anne task）のように，言語的課題によって他者が誤信念を持っているかどうかが測られてきた。オニシらは，古典的な「サリーとアン課題」を変形して，視線と乳児の期待に反する場合の注視

時間の長さに注目した単純な非言語的な課題を用いて，15 か月児でも他者の信念を理解していると報告した（Onisni & Baillargeon, 2005）。オニシらは，子どもは生まれながらにして，他者の行動の背景にある意図を推測するための抽象化できるシステムをもっているとしている。この研究の課題は，オニシらも指摘しているように，「乳児が周りの手がかりによっては，実験者は対象が消えるのを見ていない時でさえ，隠された対象を探す場所を予期する」ということに関してである（Onisni & Baillargeon, 2005）。

　近年の発達研究は，生後 6 か月から生後 9 か月の間に，行為を能動的に行う人，エージェント（agent: 行為主）とその行為の目的との関係をとらえていることを実験的に示している。このようなエビデンスからの議論は，乳児期の発達は，「心を読むこと」（mindreading）なのか，「行動を読むこと」（behavior reading）なのかである。その点について，サウスゲイト（Southgate, 2013）は，メルツォフら（Meltzoff & Brooks, 2008）の目隠しを使用した実験から，乳児の「見る」ことの経験が他者の行為を推測することに関係していることを指摘している。メルツォフらは，生後 12 か月の乳児を対象に，プレイフルな状況で目隠しが自己の知覚を妨げることを多く経験した乳児のグループと，同じように目隠しをするが，見えるように細工されたものを装着した経験をする統制グループとの比較で，目隠しをした大人による離れたところにある対象への視線追随課題を行った。目隠しを経験したグループは，統制グループの乳児と異なる反応をし，大人が見るほうを振り返らなかったが，統制グループの乳児は，目隠しをした大人の遠方にある対象への視線の方向を追随した。すなわち自分が見えないことを経験した乳児は他者もそうであると考えているようである。

　さらに，サウスゲイトらは，生後 18 か月児を対象として，他者が見ることができることについての理解だけでなく，他者がどのように行為するかについての予測に関しても実験的に検討を行った（Senju et al., 2011）。この実験では，不透明の目隠しをした子どもと透明の目隠しをした子どもとが比較された。人形が対象を箱から取り出したとき，目隠しをした他者が向きを変えるかどうか，目隠しを経験した子どもには，目隠しをした他者は見えないので，目隠しをする前に見た場所に対象を探すかどうかを検討した。その結果，不透明の目隠しを経験した子どもの 18 例中 14 例が，他者が目隠しをする以前に対象を見た場

所を注視した。透明の目隠しを経験した子どもでは 18 例中 6 例であった。子どもは，他者が見ることができることにアクセスするために自己の経験を利用しているだけでなく，行為を一般化する際に，見ることの因果的な役割を理解していることを示しているとサウスゲイトは指摘する。

　乳児は誤信念のシナリオを学習された行動的なルールによって解決しているのではなく，他者の視点から外界を表象していることが示唆されてきたのである（Southgate, 2013）。そして，そのような表象能力を乳児が既に持っているとするならば，なぜ 4 歳を超えるまで，「サリーとアン課題」のような課題を通過することが難しいのか，という問題が残っている。その点については，信念を表象すること，正しい答えを選択すること，誤った答えを抑制すること（inhibition）に制限があるために，すぐには答えることは難しいと考えられている（Southgate, 2013）。すなわち，実行機能の発達に影響を受けていることが示唆される。

4. like me 仮説

　先のメルツォフら（Meltzoff & Brooks, 2008）やサウスゲイト（Southgate, 2013）の実験結果は，乳児が知覚的経験や心的状態を他者に帰属させることが可能であることを示している。見える‐見えていないといった視覚的な on-off の経験は，誤信念のようなより複雑な心的状態の一つの基礎となっているとメルツォフらは述べている（Meltzoff & Gopnik, 2013）。like me（「私のようだ」）仮説は，メルツォフらが提唱してきたものであり，それによって乳児は自己と他者は類似した行為を行う主体として扱うことが可能になる。「自分について学習したことは，すぐにあなたの行為を解釈することにつながり，外界にあなたが働きかける行為の結果は，相補的に私がその後行う行為の可能性と影響についての情報を提供する」（Meltzoff & Gopnik, 2013）。

　like me 仮説は因果的な枠組みで，ヒトの社会的学習の特徴の基礎となり，子どものその後の発達に影響を与え，ヒトの生得性であるとメルツォフらは指摘している。like me 仮説は，乳児が他者を見ることにより外界について学習することを支持する。このことは，実験的に，社会的モデルを観察することか

ら原因や影響についての学習や，対象への直接的な模倣，他者の分類行動の観察から抽象するカテゴリー化の学習において生じていることが示されている（Meltzoff & Gopnik, 2013）。そして，それは，自らの経験と心的状態とを枠組みとして用いて，他者を「私のようだ」として，行為者に自分の心的状態を帰属させ，他者の心についての学習を支えていく（Meltzoff & Gopnik, 2013）。人の模倣は，「私のようだ」ということを行動レベルで確立し，自分自身の行動を回想させ，他者に模倣されることにより，情動的かつ向社会的な行動，そして特定の神経的反応を促進する。

5. 他者の心の理解の基礎としての，対人・社会的表象

他者の心の理解の基礎には，対人・社会的表象がある。子どもの人形遊びには，対人・社会的表象が反映される。レジァスティは，生後 12 か月頃には，人形が意図を持っていないということを子どもが認識できることを実験的に示している（Legerstee, 2005）。表 9-2 は，筆者の観察から定型発達の子どもの人形操作の変化をまとめたものである（小山, 2010）。

筆者は，子どもの他者理解における対人・社会的表象という点で，「他者認

表 9-2　発達初期の人形操作（小山, 2010）

身体各部への探索
生後 5 か月半から，人形の身体各部への探索が見られ，6 か月には，頭部，足に関心が移る。生後 7 カ月には，振るという行為が観察されている。これは，人のように動くということの探索とも考えられる。

動くことへの探索と情動的な反応
生後 8 か月には，人形の顔を注視して髪を引っ張って人形に発声するなど，この時期には生命がある他者として捉えているように思われ，声をかけ探索しているように考えられる。また，生後 8 か月には，母親のことばに合わせた行為や微笑みが見られてきた。微笑みは再認的なシグナルと思われ，愛他的な positive な情動の現れや A が養育者から受けている行為の投射とも考えられる。

静観的態度の形成と有意味的行為の展開
生後 10 か月には，静観的態度も見られ，人形の目に対する指さしが出現した。この時期に人形が他者として確立して捉えられてきているものと思われる。そして，人形に対する習慣化した感覚運動的行為が繰り返されて，1 歳後半に人形の頭を撫でる，声をかけて子ども自らが前傾するといった有意味的行為が出現してくる。

識」ということばを用いてきた（小山, 2009）。そのような他者認識の発達は，遊びのなかでは人形を用いた象徴遊びに反映されてくる（小山, 2009）。日常の対人・社会的表象が象徴遊びの過程で人形操作に現れる。その表象を共有し，拡げていくことがまた，他者認識につながっていくと考えられる（小山, 2009, 2010）。人形操作は，前言語期から漸進的になされていくもので，発達のペースがゆっくりである事例においても，対物活動のなかで人形操作を観察し，そこに反映される日常的な対人・社会的な経験を拡げていくことは，言語獲得に向けての支援として有効である。そのことは，自閉スペクトラム症の子どもが示してくれている（小山, 2015a）。彼らの支援においては，人形への有意味的行為が見られるようになると日常的な経験が表象化されてきたと考えて，人形も少し小さめの人形を導入していく。それはそのような表象の般化とふりの世界を楽しむことを考えてである。マッキューン（McCune, 2008）は，象徴遊びの発達と間主観性の発達との時間的な対応関係を示し，象徴遊びと「心の理論」の発達との関係を指摘している。子どもが行う前に計画化された遊びをマッキューンは「階層的な表象遊び」と呼んでいる。子どもの内的な目的の下に階層的構造をもつ遊びが生じてくる。そこには，子どもの「計画性」（planning）がある。マッキューンは，そのような階層的表象遊びと並行して言語発達において，MLU スパートが見られると報告している（McCune, 2008）。階層的な表象遊びには，人形に役割をもたせたりすることが見られてくる。MLU スパートが起こる多語発話期には，人形に役割をもたせるといった対人・社会的表象が発達しているといえる。

6. 養育者の言語——マインド・マインディドネス

養育者の言語と「心の理論」の発達との関連がこれまで注目されてきた（Meins et al., 2002）。養育者は早期から子どもとの関わりにおいて，心（mind）を持った個人として乳児を扱っていることに注目し，それを「マインド・マインディドネス」（mind-mindedness）と呼んだ。マインド・マインディドネスは，子どもとの遊びの中で，適切な心的状態のコメントによって測定される（Doherty, 2009）。さらに養育者が子どもの明らかな心的状態を読み取り，コメ

ントが適切でかつ明確であり，さらに相互交渉を発展させているかどうかによって判断される。そして，3歳9か月から4歳の時期に誤信念課題および，見かけと本当の課題を実施したところ，テストを受けた時期の言語年齢が心の理論課題の遂行を強く予測していたが，6か月に測定されたマインド・マインディドネスが二番目に予測子として高かった（Meins et al., 2002）。このことは，養育者の適切な心的状態についての語りが長期にわたり影響することを示唆し，養育者は子どもの心的状態の理解について非常に早期から足場作りを行っていることを示している。

わが国では，篠原（2011）が，生後6か月にマインド・マインディドネスを測定した母親とその子ども38組を3歳時と4歳時に追跡し，子どもの欲求・信念理解，感情理解を促進するのかを縦断的に分析した。その結果，母親のマインド・マインディドネスの高さは生後6か月に観察された母親の子どもの内的状態への言及の頻度の高さを介して，子どもの感情，語彙理解を促進することを指摘している。さらに，3歳時，4歳時の欲求や信念理解の発達には母親の中程度のマインド・マインディドネスの寄与が報告されている。

7. 他者や自己の情動を反映する ToM

これまでの「心の理論」の発達に関する研究は，行動的，心理的あるいは認知的レベルでのものが中心であった。近年，知るということや考える，信じるということを超えて，自己や他者の情動の反映に関わり，他者の情動に適切に反応し共感するという点からの研究へと発展している。ToM は単一の構成物ではなく，いくつかの次元や型があるのではないかと考えられるようになっている（Westby, 2015, 図9-4）。

ウェストバイによると，感情的 ToM（Affective ToM）とは，他者の情動を共有したり理解したりすることによって，自己の情動を認識し，他者の感情的状態を推測するものである。そして，感情的・認知的 ToM と感情的共感に分けられ，前者は，自己や他者の情動を認識し特定することで，後者は，他者の情動に適切に情動的に反応するものである。

次に個人間 ToM（Interpersonal ToM）であるが，これは，他者への認知・

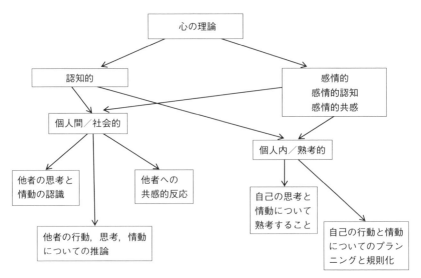

図 9-4　心の理論の次元（Westby, 2015）

感情的 ToM であり，他者の思考や情動を認識し，それらの推測をするものである。個人内 ToM（Intrapersonal ToM）は，自己についての認知的・感情的 ToM で，自己感や自己の思考や情動についてよく考え，学習や計画のためにこれらの情報を使用するというものである（Westby, 2015）。

8. おわりに

　心的状態語がない文化では，子どもの「心の理論」課題の遂行が心的状態を表示する語をもつ言語の子どもよりも遅れるということがあり，文化による違いからの言語的な差が社会的理解に影響すると指摘されている（Hwa-Froelich, 2015）。筆者が研究プロジェクト（『ネアンデルタールとサピエンス交替劇の真相：学習能力の進化に基づく実証的研究』）に研究分担者として参加し，訪問調査を行ったカメルーン共和国東部州ロミエ周辺で狩猟採集生活のなかで育っている Baka の子どもでは（小山, 2015b），彼らが話す Baka 語には心的動詞は少ないが，認知的な思考・学習に関わる動詞「考える」（to）や「ふりをする」（binja）は 2 歳頃から見られていた（図 9-5）。これらの語の獲得は，象徴遊びに

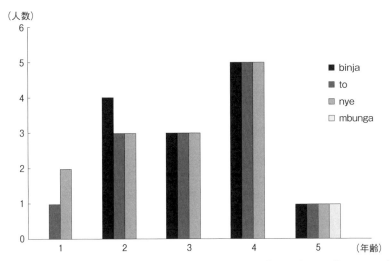

図 9-5 Baka の子どもにおける心的動詞，binja「ふりをする」，to「考える」，nye「知っている」，mbunga「忘れる」の獲得傾向（表出）

おいて表象の共有や抽象化が急に見られるようになる時期と対応していた（小山，2015c）。

　幼児期に，象徴機能の発達と対象への感受性を生かして，Baka の子どもは，想像力や言語，抽象化の基礎を発達させている。そこには，養育者の足場作りがある。それとともに心的な言語表現が増加し，ネルソン（Nelson, 2005）のいう「心の共同性」（CoM）の発達につながっていることが示唆された（小山，2015c）。

第10章

言語と思考

1. 言語と思考との関係

　言語の働きとして重要で，人間の経験の極めて重要な側面を表現している語として，世界のどの言語においても「知る」（know）という語があることをネイゲルは指摘している（Nagel, 2014）。これまでの章でもふれたカメルーン共和国東部州ロミエ周辺の狩猟採集生活を送っている Baka の子どもの調査では，「計画する」というような語は彼らが話す Baka 語にはないが，生活年齢2歳頃から「知っている」ということばの使用が見られた。「知る」ということと，「思考」とは密接に関係し，言語は思考の道具でもある。「知る」という語には，真実性と真の前提があり，思い出すことや認識することのより深い状態を意味しているとネイゲルは指摘している（Nagel, 2014）。

　ファースは，「考えるとはどういうことか？」という質問の答えとして，ピアジェならば，「操作」の定義を示すことになるだろうと述べている（Furth, 1969）。「操作が外に向かう働きかけと異なるのは，それが内面的機能に応じられるようになっている」点においてであるとファースは指摘している（Furth, 1969）。

　ピアジェとイネルデは，感覚運動期から言語獲得に至るプロセスについてふれるなかで，「記号的機能こそが思考を活動から分離させる」と述べ，「言語はすでにまったく社会的に形成されており，あらかじめ，思考に役立つようなもろもろの認知的道具（関係，クラス化，など）の集合を含んでいる」と述べている（Piaget & Inhelder, 1966）。そして，ピアジェらは，感覚運動的行動と言語行動の比較によって以下の3点を指摘している。

　1）感覚運動的行動が活動の速度を超えない範囲でもろもろの事象を追求し

なければならないのに対して，言語行動は，ありとあらゆる叙述や喚起ができるために，はるかに大きな速度でもろもろの結合を導入しうる。

2）感覚運動的適応が近隣の空間および時間内に限られているのに対して，言語は，思考がより広い空間・時間的延長を対象にして，直接性から解放されることを可能にする。

3）以上二つの差異の結果として，感覚運動的知能が継起的な諸活動により少しずつ進行するのに対して，思考は，とりわけ言語に依拠して，全体を同時に表象することができるのだ（Piaget & Inhelder, 1966 より）。

メルロ＝ポンティ（Merleau-Ponty, 1945）は，「もちろん思考は，一瞬のうちに稲妻のように進む。しかし，わたしたちはその後，思考を自分のものとする作業をしなければならない。そして思考が自分のものとなるのは，表現によってである。わたしたちは事物を認識し，次に事物の名前を呼ぶのではない。認識すること，それは事物の名前を呼ぶことである」と述べ，子どもにとっての事物の名前は，その対象の本質であり，事物に在ることを強調している。そして，メルロ＝ポンティは，ことばを語るものにおいては，ことばは思考を翻訳するものではなく，思考を成就するものであると述べ，彼は，「ことばは思考の経験である」としている。意味をとらえると同時に伝達する能力を使って，人間は，自らの身体とことばを越えて，新しい身振り，他者，そして固有の思考へと向かうと彼は述べている。

▋2. 意味的経験と言語的思考

これまでの子どもの言語発達研究の動向の一つとして，「意味」の形成が指摘できよう。成人の言語を子どもが耳にするとき，成人と同様の内的な意味をとらえることが必要であり，そのスタートポイントは同一の現象への相互に認識された焦点であろう（McCune, 2008）。行動は意味を告げるものであり，意味は行動に内在するものであると，メルロ＝ポンティ（Merleau-Ponty, 1945）は指摘する。彼はまた，「話す主体においては言語体系は，さまざまな記号の間，さまざまな意味作用の間の＜ずれ＞の体系として現前しているということ，言葉はたった一つの身振りで，これら二つの秩序における差異化を実現すると

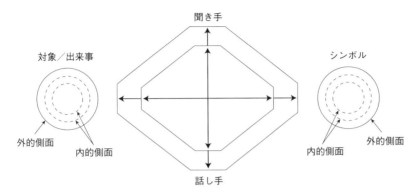

図 10-1　シンボル状況（Werner & Kaplan, 1963; McCune, 2008 小山・坪倉訳 2013）

いうこと，そして，閉じられていない意味作用と，関係のうちにしか存在しない記号に対しては，延長するもの（res extensa）と思考するもの（cognition）の区別をあてはめることができない」と述べている（Merleau-Ponty, 1945）。

　図 10-1 は，ウェルナーらが示した有名なシンボル状況である。対象・出来事，シンボルそれぞれの内的側面が意味と考えられ，そこには，子どもの思考が反映され，聞き手との関係性において醸成されていくものと考えられる。図 10-1 を見ると，コミュニケーション状況では，言語と思考の問題は，聞き手と話し手との関係性が密接に関係していると考えられる。それは，他者性が思考に影響するということであり，ピンカーが指摘しているように，話し手のことばが聞き手の思考に影響を与える（Pinker, 2007）。2 歳を過ぎた頃から，子どもは話しかけられると，うなずき，「えーと」などと言いながらことばで答える。このプロセスには考える，すなわち思考のプロセスがあるといえる。「これは？」という質問も思考に伴って見られるものである。少なくとも 2 歳を過ぎた頃から，子どもの思考に伴ってことばは見られているのである。

3. 言語の内面化

　そして，子どものことばや他者のことばは内面化し，自己化していく。ヴィゴツキーは，ピアジェに対して，学習は社会的交渉が関わっていると考え，子

どもの環境との相互交渉は社会的に促進されるとした（Vygotsky, 1962）。そして，彼は言語を自己制御の手段として記述した。ヴィゴツキーの理論では，言語は内面化され，子どもの行動や情動を制御するとしている。ここにまさに，言語と思考との交差があると考えられる。そのことは，子どものひとり言や内言に現れてくる。ひとり言や内言の問題も子どもたちの社会的環境との関係での発達的なプロセスとして考えると興味深い。

　言語の制御機能に関しては，近年では，実行機能（executive functions）との関連で問題にされている。実行機能は，行為の抑制（inhibiting actions），選択的注意，目標設定，プランニング，体制化などが関わる心的過程である（Hwa-Froelich, 2015）。実行機能は，数的能力，読み，言語的・非言語的推理，学業，コミュニケーション，社会的理解，情動コントロールなどさまざまな発達に関わっている。

　ミラーらは，ワーキングメモリ，抑制機能，社会的理解，文字，計算スキル，そして語彙について，129名の3歳から5歳の子どもを対象に検討した。その結果，ワーキングメモリは文字や計算スキルに寄与しているが，抑制機能はそうではないと報告している。しかし，ワーキングメモリと抑制機能，そして社会的理解との間に有意な関係を見出した（Miller et al., 2013）。ピンカーもワーキングメモリと内言との関係を，「人間の心に一時的に保存するもの」として，言語と思考の問題を考えるうえにおいて注目している（Pinker, 2007）。

▌4.　内言の発達に向けて

　言語と思考との問題を考えるとき，個人内での思考に注目しなければならない。その点に関して，岡本（1985）は，「1次的ことばと2次的ことば」として，話しことばから書きことばへの移行期の発達モデルを提示した（図10-2）。乳幼児期からの「生活のなかで現実経験とよりそいながら使用されていくことば」を岡本（1985）は「1次的ことば」と呼んでいる。そして，学童期に入って新たに獲得が求められてくることばを「2次的ことば」と呼んでいる。

　1次的ことばの話しことばは，身近な大人との会話のなかで発展していくのであるが，それは内言（内言語）につながっていくのではないかと考えられる。

4. 内言の発達に向けて

図 10-2　1次的ことばと2次的ことば （岡本, 1985）

　図 10-2 の「1 次的ことば」と「2 次的ことば」の重なりの空所には「内言」が入るのではないかと筆者は考える。ファースは，内言語という用語は非常にあいまいに使われていると指摘したうえで，思考そのものにほかならないだろうと述べている（Furth, 1966）。岡本（1985）は，内言を「内なる対話」と呼んでいる。他者が内在化され（他者との意味が自己化され），ことばによる思考がさらに発展していくと考えられる。幼児期からの 1 次的ことばのなかには，語り（narrative）が含まれ，語りは「内なる対話」と密接に関係しながら，言語による思考につながっていくと考えられる。

　そして，前言語期に見られるジャーゴン（jargon）もこの思考の発達との連続性が考えられる現象として興味深い。1 歳前後の子どものジャーゴンが見られる状況として，筆者の観察では，①人に向けたもの，②物の操作場面，③移動時であった（表 10-1）。物の操作場面では，計画に伴ったジャーゴンであり，思考の現れではないかと考えられる。共同性が強くある狩猟採集生活のなかで育つ Baka の子どもたちでは，積木課題遂行時においてひとり言が非常に少なかった（小山, 2013）。共同性が強く残っている伝統的社会で育つ子どもの他者のことばの内面化については，非常に興味深い。その点に関して，自閉スペクトラム症の子どもに見られるエコラリア（反響言語）の変化においても他者との関係性が影響していると考えられる。

　エコラリア（echolalia）は，自閉スペクトラム症の子どもの前言語期から言語獲得期によく見られるものである。西村（1998）が指摘しているように，エコラリアと定型発達の言語発達上で見られる「発達的おうむ返し」「模唱」とは

106　第 10 章　言語と思考

表 10-1　ジャーゴンの出現状況 (Y 児，女児，1 歳 1 か月，村井ら，1999)

	(%)
人に向けたジャーゴン	
親への発声	13.9
親の発声への応答	5.0
他者への発声	11.6
物との関係でのジャーゴン	
対物操作	32.4
物を探しているとき	10.2
移動しながらのジャーゴン	
ひとりで移動中	10.2
物を持っての移動	6.5
移動しながらの親への発声	10.2

区別される。エコラリアには，即時反響言語と遅延反響言語があり，遅延反響言語には，子どもの伝達意図や意味が込められている（小山，2000）。

　即時反響言語は，前言語期，象徴機能出現前期に見られ，事例によっては，同様の発達時期にあっても即時反響言語が見られない事例もある。いずれの事例においても前言語期から言語獲得期においては，対物行動のレパートリーは限られているが，即時反響言語が見られる事例では，物を介在させずに自己受容感覚を楽しむ遊びが多い。それに対して，即時反響言語が見られない事例では，事物を用いた感覚運動的遊びを展開していく。もちろん，この両者では，即時反響言語が見られる事例のほうが自発的なことばの出現は早い。また，即時反響言語に見られる抑揚の単調さに関しては，基本的信頼を置く他者との間での子どもにとっての快の情動的交流によって，抑揚が豊かになってくる。このことは，このような事例の後の自発的発話につながっていると思われる。さらに，抑揚の単調さは，療育者との遊びにおいて，子どもが主体的になってくるに伴い見られなくなる（小山，2011b）。

　遅延反響言語に関しては，そのソースが興味深い。他者から投げかけられたことばやフレーズであったり，DVD やビデオからのセリフ・フレーズであったりすることが多い。遅延反響言語の場合には，その内容の変化に着目しなければならない。そして，遅延反響言語は，ひとり言（自己内対話）につながっていく。また，遅延反響言語に含まれる意味や伝達意図が周りの他者に理解され

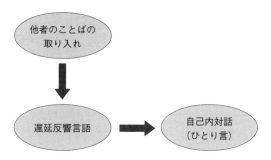

図10-3 自閉スペクトラム症の子どもに見られる遅延反響言語から自己内対話（ひとり言）

ること（子どもの側からいえば通じる体験）によって，他者のことばの取り入れ（自己化）が始まってくる（図10-3）。おうむ返しと一般に言われているもののなかに，このような他者のことばの取り入れが見られてくる。この時期には日常生活経験のなかで他者とことばを交わすことが重要である。その過程で他者のことばの自己化が深まり，新たな語彙の増加や語連鎖が見られてくる。エコラリアの変容には，他者との関係性の過程での他者認識の発達と物への志向性や対物活動との関連性が関わっていることが明らかであるとともに，実行機能や全体的統合といった認知発達が関わっていると考えられる（小山，2011b）。

5. 言語が思考を決定しない

　本章では，言語と思考の問題を取り上げた。このテーマは古くて新しい問題である。「言語は思考の道具である」という観点は子どものことばの発達を考えるときに外せないものであろう。ランドは，「ピアジェは子どもの発達を研究することで，言語は思考に依存していると確信するようになった」（Lund, 2003, 邦訳書，p.37）と述べており，思考の発達という観点から言語発達を見ていくことにより，新たな発見や子ども理解が進むと考えられる。

　ピンカーは，「言語が思考を決定するものではない」という仮説から，言語発達研究のこれからの課題を提示してくれている。彼は言語は思考に限られた影響しか与えないとしたうえで，語の意味は人間の心のなかで，より豊かで抽象的な「思考の言語」による表現として表象されるとしている（Pinker, 2007）。

言語と思考の問題は，'good language development'，着実に進み，変化する良い言語発達という観点から検討することも可能であり，その点については今後の課題であるといえよう。

あとがき

　2012 年 1 月から，神戸学院大学海外短期研究員となる機会を得て，3 か月間，英国オックスフォードブルックス大学心理学科に客員研究員として所属した。受け入れ教授は，マーガレット・ハリス教授であった。

　オックスフォードの素晴らしい，恵まれた環境のなかで，「初期言語獲得過程に見られる個人差」というテーマの下に，マーガレットの親切な指導を受けながら，3 か月の研究員としての生活を終えた。心理学科長であり，忙しい日々を送られていたマーガレットであるが，その後も私を快く受け入れてくださり，年に 1 度は，集中的に充実したミーティングを持たせていただいている。ミーティングにおいても，good language development について，マーガレットと議論した。

　本書の執筆にあたり，子どもの発達理解を深めことばの発達支援につながることを期待しながら，2000 年以降の海外の文献を中心に，国際的な動向をとらえるようにした。国際的には，初期の言語発達研究においては，今日，実験的アプローチによる資料に基づいて考察されてきていることは否めない。今後，子どもの日常的な認知的活動のなかで言語発達の問題を考える，本書でも取り上げた内面化や自己化と，「発達のスピードアップ」に関して，言語学習モデルの構築が必要であるとともに，行動面でとらえられる連関性の解釈のための資料と，それを説明する理論がさらに必要であると思われる。

　本書は，2012 年の渡英前から企画されていたものであるが，まえがきにも記したように，今日の初期言語発達研究の量的増加，進展を反映するために，まとめるまでに非常に時間を要してしまった。出版に向けて，また，編集や校正作業において，ナカニシヤ出版の宍倉由高さん，山本あかねさんにはご理解いただき，大変お世話になった。心より感謝している。

2018 年 6 月 5 日

小山　正

文　献

Allen, J. W. P., & Bickhard, M. H. (2013a). Stepping off the pendulum: Why only an action-based approach can transcend the nativist-empiricist debete. *Cognitive Development, 28,* 96–133.

Allen, J. W. P., & Bickhard, M. H. (2013b). The pendulum still swings. *Cognitive Development, 28,* 164–174.

青木克仁 (2002). 認知意味論の哲学―コミュニケーションの身体的基盤　岡山：大学教育出版

Astington, J. W., & Baird, J. A. (Eds.) (2005). *Why language matters for theory of mind.* New York: Oxford University Press.

Astington, J., & Jenkins, J. A. (1999). Longitudinal study of the relation between language and theory of mind development. *Developmental Psychology, 35,* 1311–1320.

Balcomb, F., Newcomb, N. S., & Ferrara, K. (2011). Finding where and saying where: Developmental relationships between place learning and language in the second year. *Journal of Cognition and Development, 12,* 315–331.

Bates, E., Benigni, L., Bretherton, I., Camaioni, L., & Votterra, V. (1979). *The emergence of symbols: Cognition and communication in infancy.* New York: Academic Press.

Bates, E., Bretherton, I., & Snyder, L. (1988). *From first words to grammar: Individual differences and dissociable mechanisms.* Cambridge: Cambridge University Press.

Bernardis, P., Bello, A., Pettenati, P., Stefanini, S., & Gentilucci, M. (2008). Manual actions affect vocalizations of infants. *Experimental Brain Research, 184,* 599–603.

Brooks, P. J., & Kempe, V. (2012). *Language development.* Blackwell.

Brown, R. (1973). *A first language: The early stages.* Cambridge, MA: Harvard University Press.

Bruner, J. (1983). *Child's talk: Learning to use language* (pp.120–122). Oxford: Oxford University Press.

Capone, N. C., & McGreger, K. K. (2004). Gesture development: A review for clinical and research practices. *Journal of Speech, Language, Hearing, Research, 47,* 173–186.

Casasola, M., Bhgwat, J., & Furguson, K. T. (2006). Precursors to verb learning: Infant's understanding motion events. In K. Hirsh-Pasek & R. M. Golinkoff (Eds.), *Action meets word: How children learn verbs* (pp.160–190). Oxford: Oxford University Press.

Chomsky, N. (1965). *Aspects of the theory of syntax.* Cambridge, MA: MIT Press.

Chomsky, N. (1987). Language in a psychological setting. *Sophia Linguistica, 22,*

Monograph. Tokyo: Sophia University. (加藤泰彦・加藤ナツ子 (訳) (2004). 言語と認知―心的実在としての言語　東京：秀英書房)

Clark, E. V. (2004). How language acquisition builds on cognitive development. *TRENDS in Cognitive Sciences, 8* (10), 472–478.

Clark, E. V. (2016). *First language acquisition* (3rd ed.). Cambridge: Cambridge University Press.

Clearfield, M. W. (2013). Recognizing transcendence when you see it: Dynamical systems theory as an action-based approach. Commentary on "Stepping off the pendulum: Why only an action-based approach can transcend the nativist-empiricist debate" by J. Allen & M. Bickhard. *Cognitive Development, 28*, 134–137.

Curcio, F. (1978). Sensorimotor functioning and communication in mute autistic children. *Journal of Autism and Childhood Schizophrenia, 8*, 281–292.

Davis, B. L., & Bedore, L. M. (2013). *An emergence approach to speech acquisition: Doing and knowing.* New York: Psychology Press.

de Villiers, J. G., & de Villiers, P. A. (2000). Linguistic determinism and the understanding of false beliefs. In P. Mitchell & K. Riggs (Eds.), *Children's reasoning and the mind* (pp. 189–226). Hove: Psychology Press.

de Villiers, J. G., & Pyers, J. E. (2002). Complements to cognition: A longitudinal study of the relationship between complex syntax and false-belief-understanding. *Cognitive Development, 17*, 1037–1060.

D'Odorico, L., Carubbi, S., Salerni, N., & Calvo, V. (2001). Vocabulary development in Italian children: A longitudinal evaluation of quantitative and qualitative aspects. *Journal of Child Language, 28*, 351–372.

Doherty, M. J. (2009). *Theory of mind: How children understand others' thoughts and feelings.* East Sussex: Psychology Press.

Fenson, L., Dale, P., Reznick, J., Thal, D., Bates, E., Hartung, J., Pethick, S., & Reilly, J. (1993). *The MacArthur communicative development inventories: User's guide and technical manual.* San Diego, CA: Singular Publishing Group.

Fernald, A., Swingley, D., & Pinto, J. P. (2001). When half a word is enough: Infants can recognize spoken words using partial phonetic information. *Child Development, 72*, 1003–1015.

Filippi, R., & Karmiloff-Smith, A. (2013). What can neurodevelopmental disorders teach us about typical development? In C. Marshall (Ed.), *Current issue in developmental disorders* (pp.193–207). Psychology Press.

Fletcher, P., & O'Toole, C. (2016). *Language development & language impairment.* West Sussex: John Wiley Sons.

Frith, U. (2008). *Autism: A very short introduction.* Oxford: Oxford University Press.

Frith, U. (2003). *Autism: Explaining the enigma* (2nd ed.). Oxford: Blackwell. (富田真紀・清水康夫・鈴木玲子（訳）（2009）. 自閉症の謎を解き明かす　東京：東京書籍)

藤野　博 (2011). 自閉症スペクトラム障害における認知・言語・コミュニケーション発達研究の最前線—心の理論の視点からの展望　臨床発達心理実践研究誌, 6, 11-17.

深田　智・仲本康一郎 (2008). 概念化と意味の世界　山梨正明（編）　認知言語学のフロンティア 3　東京：研究社

Furth, H. G. (1969). *Piaget and knowledge: Theoretical foundation.* Prentice Hall. (植田郁郎・大伴公馬（訳）（1972）. ピアジェの認識理論　東京：明治図書)

Garton, A. F. (2004). *Exploring cognitive development: The child as problem solver.* Oxford: Blackwell. (丸野俊一・加藤和夫（監訳）（2008）. 認知発達を探る—問題解決者としての子ども　京都：北大路書房)

Gershkoff-Stowe, L., Connell, B., & Smith, L. (2006). Priming overgeneralizations in two- and four-year-old children. *Journal of Child Language, 33,* 461–486.

Goldfield, B. A., & Reznick, J. S. (1990). Early lexical acquisition: Rate, content, and vocabulary spurt. *Journal of Child Language, 17,* 171–183.

Goldin-Meadow, S. (2007). Pointing sets the stage for learning language--and creating language. *Child Development, 78,* 741–745.

Gopnik, A., & Meltzoff, A. N. (1997). *Words, thoughts, and theories.* Cambridge, MA: The MIT Press.

Goswami, U. (2014). *Child psychology: A very short introduction.* Oxford: Oxford University Press.

Grazzani, I., & Ornaghi, V. (2012). How do use and comprehension of mental-state language relate to theory of mind in middle childhood? *Cognitive Development, 27,* 99–111.

浜田寿美男・山口俊郎 (1984). 子どもの生活世界のはじまり　京都：ミネルヴァ書房

Happé, F. (1994). *Autism: An introduction to psychological theory.* London: UCL Press.

Halliday, M. A. K. (1975). *Learning how to mean: Explorations in the development of language.* London: Arnold.

Halliday, M. A. K. (2009). Acts of meaning. In J. J. Webster (Ed.), *The essential Halliday* (pp.1–34). New York: Continuum.

Harris, M. (2004). First words. In J. Oats, & A. Grayson (Eds.), *Cognitive and language development in children* (pp.61–112). The Open University Press.

Harris, M., & Butterworth, G. (2002). *Developmental psychology: A student's handbook.* East Sussex: Psychology Press.

Harris, M., & Westermann, G. (2015). *A student's guide to developmental psychology.* East Sussex: Psychology Press.

Harris, M., Yeeles, C., Chasin, J., & Oakley, Y. (1995). Symmetries and asymmetries in early lexical comprehension and production. *Journal of Child Language, 22,* 1–18.

Hoff, E., & Shatz, M. (2009). *Blackwell handbook of language development.* West Sussex: Wiley-Blackwell.

Hohenberger, A., & Peltzer-Karpf, A. (2009). Language learning from the perspective of nonlinear dynamic systems. *Linguistics, 47,* 481–511.

Hurford, J. R. (2014). *The origins of language: A slim guide.* UK: Oxford University Press.

Huttenlocher, J., Waterfall, H., Vasilyeva, M., Vevea, J., & Hedges, L. (2010). Sources of variability in children's language growth. *Cognitive Psychology, 61,* 343–365.

Hwa-Froelich, D. A. (2015). Social communication theoretical foundation and introduction. In D. A. Hwa-Froelich (Ed.), *Social communication development and disorders* (pp.3–19). East Sussex: Psychology Press.

生澤雅夫・松下　裕・中瀬　惇 (2003). 新版K式発達検査2001 実施手引書　京都：京都国際社会福祉センター

神土陽子 (2000). 子どもの心の理解とことばの発達　小山　正 (編)　ことばが育つ条件—言語獲得期にある子どもの発達 (pp.86–99)　東京：培風館

神土陽子 (2008). 子どもの初期言語獲得—ことばによる概念化と思考の発達　小山　正 (編)　言語獲得期の発達 (pp.21–46)　京都：ナカニシヤ出版

Johnson, M. (1987). *The body in the mind: The bodily basis of meaning, imagination, and reason.* Chicago: University of Chicago Press.

Kaller, T., Zuberbuhler, K., Keller, H., & Slocombe, K. E. (2014). Joint attention in wild chimpanzees and human infants: What is special about human communication? Invited Symposium 4: Comparative perspectives on language and communicative development: Joint attention, gestural communication, and nonlinguistic vocalizations in non-human primates and human infants. *44th Annual Meeting of the Jean Piaget Society: May 31- June 2, 2014, Sanfrancisco, USA.*

Karmiloff, K., & Karmiloff-Smith, A. (2001). *Pathways to language: From fetus to adolescent.* Cambridge: Harvard University Press.

Karmiloff-Smith, A. (1992). *Beyond modularity: A developmental perspective on cognitive science.* Cambridge, MA: MIT Press. (小島康次・小林好和 (監訳) (1997). 人間発達の認知科学—精神のモジュール性を超えて　京都：ミネルヴァ書房)

Karmiloff-Smith, A. (1998). Is atypical development necessarily a window on the normal mind/brain?: The case of Williams syndrome. *Developmental Science, 1* (2), 273–277.

Karmiloff-Smith, A. (2012). From Piaget's constructivism to neuroconstructivism. *The Jean Piaget Society, 42nd Annual Meeting, Toronto, Canada, May 31- June 2, 2012.*

Karmiloff-Smith, A. (2013). From constructivism to neuroconstructivism: Did we still fall into the foundationalism/encodingism trap? Commentary on "Stepping off the pendulum: Why only an action-based approach can transcend the nativist-empiricist debate" by J. Allen & M. Bichhard. *Cognitive Development, 28*, 154–158.

児玉一宏・野澤　元 (2009). 言語習得と用法基盤モデル　山梨正明（編）　認知言語学の
　　フロンティア6　東京：研究社

小山　正 (1982). 乳児の象徴機能の発達に関する研究（Ⅰ）—絵本場面における指さしの
　　発生について　大阪教育大学障害児教育研究紀要, *5*, 151–162.

小山　正 (1991). 前言語期にある発達遅滞児の象徴機能の発達とその早期指導における
　　問題　聴能言語学研究, *8* (3), 186–192.

小山　正 (1994). 言語障害児の指導—前言語期にある発達遅滞児への言語指導を中心に
　　田中農夫男（編著）　心身障害児の心理と指導 (pp. 66–75)　東京：福村出版

小山　正 (1998). シンボルの発達を援助する—シンボル, 言語獲得の認知的基盤　長崎
　　勤・本郷一夫（編）　能力という謎 (pp. 113–144)　京都：ミネルヴァ書房

小山　正 (1999). 子どもの言語獲得とそれを支える認知発達　聴覚言語障害, *28* (2),
　　87–95.

小山　正（編）(2000). ことばが育つ条件　東京：培風館

小山　正 (2001). 障害のある子どもの乳幼児期における発達と早期療育　藤田綾子・村
　　井潤一・小山　正（編）　老人・障害者の心理 (pp. 152–166)　京都：ミネルヴァ書房

小山　正（編）(2008). 言語獲得期の発達　京都：ナカニシヤ出版

小山　正 (2009). 言語獲得期にある子どもの象徴機能の発達とその支援　東京：風間書
　　房

小山　正 (2010). 乳児期における人形理解の発達過程（その1）—縦断的研究　日本心理
　　学会第74回大会発表論文集 (p.1020)

小山　正 (2011a). 心の理論と言語獲得をめぐって　文部科学省科学研究費補助金（新学
　　術領域研究)2010 ～ 2014「交替劇」（ネアンデルタールとサピエンス交替劇の真相：
　　学習能力に基づく実証的研究）（領域番号 1201）A02 班　研究報告書, *1* (pp. 7–11)

小山　正 (2011b). エコラリアの発達的意義—その時期にみられる物への志向性と他者の
　　ことばの自己化　日本発達心理学会第22回発表論文集 (p.25)

小山　正 (2013). Baka Pygmy の子どもにおける表象と認知的柔軟性の発達　文部科学
　　省科学研究費補助金（新学術領域研究）　2010 ～ 2014「交替劇」（ネアンデルタール
　　とサピエンス交替劇の真相: 学習能力の進化に基づく実証的研究）（領域番号 1201）
　　A02 班　研究報告書, *3*, 37–40.

Koyama, T. (2012). Cognitive development in the period of transition from proto-words
　　to social language. *The Jean Piaget Society, 42nd Annual Meeting, Poster Session,
　　Toronto, Canada, 31, May–2 June, 2012.*

Koyama, T. (2014). Cognitive flexibility and making objects in Baka Pygmy children. In
　　T. Akazawa, N. Ogihara, H. Tanabe, & H. Terashima（Eds.）, *Dynamics of learning
　　in Neanderthals and modern humans*, Vol.2: *Cognitive and physical perspectives*
　　(pp.33–37). Tokyo: Springer.

小山　正（2015a）. 遊びを通したことばの発達支援―象徴遊びの過程で言語発達につなが
　　るもの　発達, *141*, 12-16.

小山　正（2015b）. 狩猟採集生活の中で育つBakaの子どもの物の名称学習とカテゴリ化
　　文部科学省科学研究費補助金（新学術領域研究）　2010 〜 2014「交替劇」（ネアンデ
　　ルタールとサピエンス交替劇の真相：学習能力の進化に基づく実証的研究）（領域番
　　号 1201）A02 班　研究報告書, *5*（pp.39-44.）

小山　正（2015c）. 狩猟採集生活のなかで育つ子どもの象徴機能の発達―Baka の子ども
　　の調査から　RNHM 第 10 回大会抄録

Koyama, T. (2016). Early social cognitive development in Baka infants: Joint attention,
　　behavior control, understanding of the self related to others, social approaching,
　　and language learning. In H. Terashima, & B. S. Hewlett (Eds.), *Social learning
　　and innovation in contemporary hunter-gatherers: Evolutionary and ethnographic
　　perspectives* (pp.237-241). Tokyo: Springer.

小山　正・神土陽子（1996）. 精神発達遅滞児における象徴機能の発達に関する研究（2）
　　―対人・コミュニケーション行動の発達に遅れを示す子どもの指さし行動の獲得
　　日本特殊教育学会第 34 回大会発表論文集（pp. 214-215）.

小山　正・神土陽子（編）（2004）. 自閉症スペクトラムの子どもの言語・象徴機能の発達
　　京都：ナカニシヤ出版

Koyama, T., & Murai, J. (1992). Early symbolization and language acquisition
　　（Ⅰ）: A case study on early developments in object manipulation and gestural
　　communication. *Studia Phonologica, XXVI*, 26-33.

鯨岡　峻（1989）. 初期母子関係における間主観性の領域　鯨岡　峻（編訳著）　母と子の
　　あいだ―初期コミュニケーションの発達　京都：ミネルヴァ書房

Lakoff, G. (1987). *Women, fire, and dangerous things: What categories reveal about the
　　mind*. Chicago: University of Chicago Press.

Lalonde, C. E., & Werker, J. F. (1995). Cognitive influences on cross-languages speech
　　perception in infancy. *Infant Behavior and Development, 18*, 459-476.

Langacker, R. W. (1987). *Foundations of cognitive grammar*, Vol. 1. Stanford: Stanford
　　University Press.

Legerstee, M. (2005). *Infants' sense of people: Precursor to a theory of mind*. Cambridge:
　　Cambridge University Press.

Leslie, A. M. (1987). Pretence and representation: Origins of "theory of mind."
　　Psychological Review, 94, 412-426.

Lewis, C., Carpendale, J. I. M., & Stack, J. (2013). Anticipation and social interaction:
　　Commentary on "Stepping off the pendulum: Why only an action-based approach
　　can transcend the nativist-empiricist debate" by J. Allen & M. Bichhard. *Cognitive
　　Development, 28*, 159-163.

Lohmann, H., Tomaselo, M., & Meyer, J. (2005). Linguistic communication and social understanding. In J. W. Astington & J. A. Baird (Eds.), *Why language matters for the theory of mind* (pp.245–265). Oxford: Oxford University Press.

Lund, N. (2003). *Language and thought*. Oxford: Routledge. (若林茂則・細井友規子 (訳) (2006). 言語と思考 東京：新曜社)

Mandler, J. M. (2004). *The foundations of mind: Origins of conceptual thought*. Oxford: Oxford University Press.

Mandler, J. M. (2010). The spatial foundations of conceptual system. *Language and Cognition, 2* (1), 22–44.

Marcus, G. (2004). *The birth of the mind: How a tiny number of genes creates the complexities of human thought*. Cambridge, MA: Basic Books. (大隅典子 (訳) (2010). 心を生み出す遺伝子 東京：岩波書店)

増山真緒子 (1991). 表情する世界＝共同主観性の心理学――ことば・自我・知覚 東京：新曜社

Mayor, J., & Plunkett, K. (2010). A neurocomputational account of taxonomic responding and fast map ping in early word learning. *Psychological Review, 117,* 1–31.

McCune, L. (2008). *How children learn to learn language*. New York: Oxford University Press. (小山 正・坪倉美佳 (訳) (2013). 子どもの言語学習能力――言語獲得の基盤 東京：風間書房)

McShane, J. (1980). *Learning to talk*. Cambridge: Cambridge University Press.

Meins, E., Fernyhough, C., Wainwright, R., Gupta, M. D., Fradley, E., & Tuckey, M. (2002). Maternal mind-mindedness and attachment security as predictors of theory of mind understanding. *Child Development, 73* (6), 1715–1726.

Meltzoff, A. N., & Brooks, R. (2008). Self-experience as a mechanism for learning about others: A training study in social cognition. *Developmental Psychology, 44,* 1257–1265.

Meltzoff, A. N., & Gopnik, A. (2013). Learning about the mind from evidence: Children's development of intuitive theories of perception personality. In S. Baron-Cohen, H. Tager-Flusberg, & M. L. Lombardo (Eds.), *Understanding other minds: Perspectives from developmental social neuroscience*. Oxford: Oxford University Press.

Merleau-Ponty, M. (1945). *Phénoménologie de la perception*. Gallimard, collection TEL (pp.203–232). (中山 元 (訳) (1999). メルロ＝ポンティコレクション 東京：筑摩書房)

Miller, M. R., Muller, U., Giesbrecht, G. F., Carpendale, J. I., & Kerns, K. A. (2013). The contribution of executive function and social understanding to preschoolers' letter and math skills. *Cognitive Development, 28,* 331–349.

Mills, D. L., Coffey-Corina, S., & Neville, H. J. (1994). Variability in cerebral organization during primary language acquisition. In G. Dawson & K. W. Fischer (Eds.), *Human behavior and the developing brain* (pp. 427–455). New York: Guilford Press.

Mitchell, C., & McMurray, B. (2009). On leveraged learning in lexical acquisition and its relationship to acceleration. *Cognitive Science, 33* (8), 1503–1523.

Moro, C. (2014). Object pragmatics, communication and language. *44th Annual Meeting of the Jean Piaget Society: May 31- June 2, 2014, San Francisco, USA, Simposium 21.*

村井潤一 (1970). 言語機能の形成と発達　東京：風間書房

村井潤一 (1987). 言語と言語障害を考える　京都：ミネルヴァ書房

村井潤一 (編) (2002). 乳幼児の言語・行動発達—機能連関的研究　東京：風間書房

村井潤一・小山　正・神土陽子 (1999). 発達心理学—現代社会と子どもの発達を考える　東京：培風館

村田孝次 (1968). 幼児の言語発達　東京：培風館

村田孝次 (1977). 言語発達の心理学　東京：培風館

Nagel, J. (2014). *Knowledge: A very short introduction.* Oxford: Oxford University Press.

Naigles, L. R., Hoff, E., Vear, D., Tomasello, M., Brand, S., & Waxman, S. (2009). Flexibility in early verb use: Evidence from a multiple-n daily study. *Monographs of the Society for Research in Child Development, 74*, 91–104.

Naigles, L., & Swensen, L. D. (2005). Syntactic supports for word learning. In E. Hoff & M. Shats (Eds.), *Blackwell handbook of language development* (pp. 212–232). West Sussex: Wiley-Blackwell.

Nazzi, T., & Bertoncini, J. (2003). Before and after the vocabulary spurt: Two modes of word acquisition? *Developmental Science, 6* (2), 136–142.

Nelson, K. (1973). Structure and strategy in learning to talk. *Monographs of the Society for Research in Child Development, 149*, 1–135.

Nelson, K. (1999). Language and thought. In M. Bennett (Ed.), *Developmental psychology: Achievements and prospects* (pp. 185–204). London: Psychology Press.

Nelson, K. (2005). Language pathways into the community of minds. In J. W. Astington, & J. A. Baird (Eds.), *Why language matters for theory of mind* (pp.26–200). New York: Oxford University Press.

Ninio, A. (2011). *Syntactic development, its input and output.* Oxford University Press.

西村辨作 (1998). 自閉症児のことば問題　大石敬子 (編)　子どものコミュニケーション障害 (pp.35-64)　東京：大修館書店

小椋たみ子 (1998). マッカーサー乳幼児言語発達質問紙の標準化　平成 10 年度〜 11 年度科学研究費補助金 (基盤研究 (C) (2)) 研究成果報告書

小椋たみ子 (1999). 初期言語発達と認知発達の関係　東京：風間書房

小椋たみ子 (2000). マッカーサー乳幼児言語発達質問紙の標準化　平成 10 年度〜 11 年

度科学研究費補助金（基盤研究（C）(2)）報告書

小椋たみ子・綿巻　徹 (1998). マッカーサー乳幼児言語発達質問紙の標準化　平成 8 年度〜 9 年度科学研究費補助金（基盤研究（C）(2)）報告書

小椋たみ子・綿巻　徹 (2004a). 日本語マッカーサー乳幼児言語発達質問紙　「語と身振り」手引　京都：京都国際社会福祉センター

小椋たみ子・綿巻　徹 (2004b). 日本語マッカーサー乳幼児言語発達質問紙　「語と文法」手引　京都：京都国際社会福祉センター

小椋たみ子・綿巻　徹・稲葉太一 (2016). 日本語マッカーサー乳幼児言語発達質問紙の開発と研究　京都：ナカニシヤ出版

岡本夏木 (1982). 子どもとことば　東京：岩波書店

岡本夏木 (1985). ことばと発達　東京：岩波書店

Onishi, K., & Baillargeon, R. (2005). Do 15-month-old infants understand false beliefs? *Science, 308*, 255–258.

大久保愛 (1967). 幼児言語の発達　東京：東京堂

Peskin, J., & Astington, J. W. (2004). The effects of adding metacognitive language to story texts. *Cognitive Development, 19*, 253–273.

Piaget, J. (1962). *Play, dreams, and imitation in childhood.* New York: Norton.

Piaget, J. (1970). *L'Épistémologie Génétiquée.* QUESAIS-JE? (滝沢武久 (訳) (1972). 発生的認識論　東京：白水社)

Piaget, J. (1950). *The psychology of intelligence.* London: Routledge & Kegan Paul.

Piaget, J., & Inhelder, B. (1966). *La psychologie de l'Enfant.* (波多野完治・須賀哲夫・周郷　博 (訳) (1969). 新しい児童心理学　東京：白水社)

Pinker, S. (2007). *The stuff of thought: Language as a window into human nature.* New York: Viking Press. (幾島幸子・桜内篤子 (訳) (2009). 思考する言語　東京：NHKブックス)

Poulin-Dubois, D., & Forbes, J. N. (2006). Word, intention and action: A two-tied model of action words learning. In K. Hirsh-Pasek, & R. M. Golinkoff (Eds.), *Action meets word: How children learn verbs* (pp.262–285). Oxford: Oxford University Press.

Poulin-Dubois, D., & Graham, S. A. (2007). Cognitive processes in early word learning. In E. Hoff, & M. Shatz (Eds.), *Blackwell handbook of language development* (pp.191–211). West Sussex: Wiley-Black-well.

Rowland, C. (2014). *Understanding child language acquisition.* Oxford: Routledge.

Roy, P., & Chiat, S. (2013). Teasing apart disadvantage from disorder: The case of poor language. In C. R. Marshall (Ed.), *Current issue in developmental disorders.* East Sussex: Psychology Press.

Saffran, J. R. (2003). Statistical language learning: Mechanisms and constraints. *Current Directions in Psychological Science, 12*, 110–114.

Samson, D., Apperly, I. A., Braithwaite, J., & Amdrews, B.（2010）. Seeing it their way: Evidence for rapid and involuntary computatioin of what other people see. *Journal of Experimental Psychology: Human Perception and Performance, 36*（5）, 1255–1266.

Senju, A., Southgate, V., Snape, C., Leonard, M., & Csibra, G.（2011）. Do 18-month-olds really attribute mental states to others? A critical test. *Psychological Science, 22,* 878–880.

篠原郁子（2011）. 母親のmind-mindedness と子どもの信念・感情理解の発達—生後５年間の縦断調査　発達心理学研究, *22,* 240–250.

Shore, C. M.（1995）. *Individual differences in language development.* Sage.

Smith, L. B., & Samuelson, L. K.（2003）. Different is good: Connectionism and dynamic systems theory are complementary emergenist approaches to development. *Developmental Science, 6*（4）, 434–439.

Southgate, V.（2013）. Early manifestation of mindreading. In S. Baron-Cohen, H. Tager-Flusberg, & M. V. Lombardo（Eds.）, *Understanding other minds: Perspectives from developmental social neuroscience*（pp.3–18）. Oxford University Press.

Spelke, E. S., & Kinzler, K. D.（2007）. Core knowledge. *Developmental Science, 10,* 89–96.

Spelke, E. S.（2009）. Forum. In M. Tomasello, *Why we cooperate.* Cambridge, MA: The MIT Press.

Tager-Flusberg, H.（2007）. Autism and other neurodevelopmental disorders. In E. Hoff, & M. Shatz（Eds.）, *Blackwell handbook of language development*（pp.432–453）. West Sussex: Wiley-Blackwell.

Talmy, L.（1988）. Force dynamics in language and cognition. *Cognitive Science, 12,* 49–100.

寺嶋秀明（2010）. 学習・遊び・狩猟採集民　赤澤　威（編）　ネアンデルタールとサピエンス交替劇の真相：学習能力の進化に基づく実証的研究　第１回研究大会抄録（p. 38）

Terman, L. M.（1926）. *Genetic studies of genius.* Vol. 1.（村田孝次（1977）. 言語発達の心理学　東京：培風館）

Thelen, E., & Smith, L. B.（1994）. *A dynamic systems approach to the development of cognition and action.* Cambridge, MA: The MIT Press.

Thelen, E., & Smith, L. B.（2006）. Dynamic systems theories. In L. M. Lerner（Ed.）, *Handbook of child psychology.* Vol. 1: *Theoretical models of human development*（6th ed., pp. 258–312）. New York: John Wiley Sons.

Thomas, M. S. C., Baughman, F. D., Karaminis, T., & Addyman, C. J. M.（2013）. Modelling developmental disorders. In C. Marshall（Ed.）, *Curremt issue in developmental disorders*（pp.93–192）. East Sussex: Psychology Press.

Thomas, M. S. C., & Karmiloff-Smith, A.（2003）. Modeling language acquisition in atypical phenotypes. *Psychological Review, 110,* 647–682.

Tomasello, M.（1999）. *The cultural origins of human cognition.* Harvard University Press.

Tomasello, M.（2009）. *Why we cooperate.* Cambridge, MA: The MIT Press.

Tomasello, M., & Brooks, P. J.（1999）. Early syntactic development: A construction grammar approach. In M. Barrett（Ed.）, *The development of language*（pp.161–190）. Hove, Sussex: Psychology Press.

Torkildsen, J. von K., Svangstu, J. M., Hansen, H. F., Smith, L., Simonsen, H. G., Moen, I., & Lindgren, M.（2008）. Productive vocabulary size predicts event-related potential correlates of fast mapping in 20-month-olds. *Journal of Cognitive Neuroscience, 20*（7）, 1266–1282.

上野一彦・名越斉子・小貫　悟（2008）. PVT-R 絵画語い発達検査　手引　東京：日本文化科学社

Varela, F., Thompson, E., & Rosch, E.（1991）. *The embodied mind.* Cambridge, MA: The MIT Press.

Vauclair, J., & Imbault, J.（2009）. Relationship between manual preferences for object manipulation and pointing gestures in infants and toddlers. *Developmental Science, 12,* 1060–1069.

Vygotsky, L. S.（1962）. *Thought and language.* Cambridge, MA: MIT Press.

Wells, C. G.（1985）. *Language development in the pre-school years.* Cambrigdge: Cambridge University Press.

Werker, J. F., & Yeung, H. H.（2005）. Infant speech perception bootstraps word learning. *Trends in Cognitive Sciences, 9,* 519–527.

Werner, H., & Kaplan, B.（1963）. *Symbol formation: An organismic developmental approach to language and expression of thought.* New York: John Wiley & Sons.（柿崎祐一（監訳）（1974）. シンボルの形成—言葉と表現への有機発達論的アプローチ　京都：ミネルヴァ書房）

Wellman, H. M., Cross, D., & Watson, J.（2001）. Meta-analysis of theory of mind development: The truth about false belief. *Child Development, 72,* 655–684.

Westby, C. E.（2015）. Social neuroscience. In D. A. Hwa-Froelich（Ed.）, *Social communication development and disorders*（pp.20–49）. East Sussex: Psychology Press.

Wilson, D., & Wharton, D.（著）　今井邦彦（編）（2009）. 最新語用論入門 12 章　東京：大修館書店

やまだようこ（1987）. ことばの前のことば—ことばが生まれるすじみち 1　東京：新曜社

山梨正明（2000）. 認知言語学原理　東京：くろしお出版

山梨正明（2012）. 認知意味論研究　東京：研究社

事項索引

あ

アトラクター状態　33
アロペアレンツ　12
安定性　83
1語発話期　35
1次的ことば　104
意図的伝達行為の出現　7
意味あるもの　3, 9
意味関係構造　71
イメージスキーマ　2
ウィリアムズ症候群　30
エクスプレッシブ・スタイル　76
エコラリア　105
SES　79
FOXP2　31
MLU　65
MLU スパート　96
オノマトペ　38
音声表現優位型　79

か

概略化モデル　51
過剰般化の誤り　66
語り　105
感覚運動期　1
環境的制約　27
慣用的身振り　55
9か月革命　7
共同注意　16, 18
切り離し　49
空間語彙　50
グッド・ランゲージ・ディベロップメント　84
クレーン現象　8
経路　50

ゲシュタルト的認識　52
結合能力　67
原言語　35
言語学習のスタイル　77
言語行動　102
言語の「生産性」　66
コア認識　28
構造　2
行動物　18
行動を読むこと　93
コーパス　71
心の共同性　89
心の理論　87
心を読むこと　93
個人間 ToM　97
個人差　75
個人内 ToM　98
誤信念　88
コネクショニストモデル　62
語の誤用　63
語用論　37

さ

三項関係　3
思考　101
　　——の言語　107
自己体制化　33
自己と対象との距離化　18
指示的メカニズム　63
システムの複雑さ　69
実行機能　104
CDI　37
ショウイング　8
象徴化の共有　45
象徴機能　7

初期の産出と理解　41
初語　35
神経構成主義　31
神経 - 数理モデル　60
身体化された認知　28
シンタクス　52
　　──の多様性　82
心的状態語　49
心的表象　36
新版 K 式発達検査 2001　38
シンボル状況　103
静観的態度の形成　18
生得的制約　27
前言語期　1
センテンスの複雑さ　68
相乗作用　36
創発的　33
即時反響言語　106
即時マッピング　59

た
対象の表現性　5
対人・社会的表象　95
対人志向性　77
ダイナミックシステムズ・アプローチ
　　32
ダウン症　30
遅延反響言語　106
CHILDS　71
直示的空間　22
直示的身振り　56
動詞島構成　72
統制（制御）パラメータ　78
到達行為　5
特異性仮説　26

な
内言　104
内面化　2, 103
二項関係　4

2 次的ことば　104
人形操作　96
人形を用いた象徴遊び　96
認知的柔軟性　12

は
バイアス　47
発生的認識論　1
発達的軌跡　32
ひとり言　106
表示的リーチング　18
表象　2
表象的身振り　56
ブートストラップ　67
普遍文法　65
プレイフルさ　12
文的補語　91
文法的ルールの内面化　73
文脈依存的語　41
包含　50
ボキャブラリースパート　59

ま
マインド・マインディドネス　96
マッピング　47
身振りと語の結合　69
命名ゲーム　78
メタ認知的言語　91
メタ表象　48
モジュール性　27
物の永続性　26
物の慣用的操作　25
物の実用性　25
物への志向性　77

や
役割反転模倣　7
指さしの起源　15
指さしのフォーム　20

索　引　125

ら
Like me　94
理解と産出における非対称性　43

リファレンシャル・スタイル　76
連結　73

人名索引

A

Allen, J. W. P.　33
青木克仁　54
Astington, J. W.　87, 90-92

B

Baillargeon, R.　92, 93
Baird, J. A.　87, 90
Balcomb, F.　50
Bates, E.　7-9, 11, 77, 82
Bedore, L. M.　17, 32, 84
Bernardis, P. J.　4
Bertoncini, J.　30, 31, 60, 63
Bickhard, M. H.　33
Brooks, P. J.　4, 10, 37, 48, 55, 59, 65, 66, 68
Brooks, R.　93, 94
Brown, R.　65, 70, 71
Bruner, J.　13, 17, 26
Butterworth, G.　75, 88

C

Capone, N. C.　56
Casasola, M.　50
Chait, S.　84
Chomsky, N.　65
Clark, E. V.　36, 37, 51, 53-55, 65, 69, 73
Curcio, F.　10

D

Davis, B. L.　17, 32, 84
de Villiers, J. G.　92
de Villiers, P. A.　92
D'Odorico, L.　84, 85
Doherty, M. J.　87, 88, 91, 96

F

Fenson, L.　37, 78
Fernald, A.　60, 61
Filippi, R.　2, 31
Fletcher, P.　81, 82
Forbes, J. N.　52
Frith, U.　89
藤野　博　88
深田　智　26, 29, 66
Furth, H. G.　2, 6, 101, 105

G

Garton, A. F.　27
Gershkoff-Stowe, L.　63
Goldfield, B. A.　60, 75
Goldin-Meadow, S.　69
Gopnik, A.　26, 94, 95
Goswami, U.　55
Graham, S. A.　47, 52
Grazzani, I.　91

H

Halliday, M. A. K.　35, 36
Happé, F. G.　48
浜田寿美男　4
Harris, M.　42, 43, 62, 66, 68, 75, 88
Hohenberger, A.　65, 66, 69
Hurford, J. R.　25, 55, 69, 90
Huttenlocher, J.　82, 83
Hwa-Froelich, D. A.　25, 98, 104

I

生澤雅夫　38
Imbault, J.　19, 20
Inhelder, B.　2, 101

J

Jenkins, J. A.　91
Johnson, M.　2, 28, 29

K

Kaller, T.　3
神土陽子　4, 17, 78-80, 87, 89
Kaplan, B.　3, 5, 6, 16-18, 22, 44, 68, 103
Karmiloff, K.　41, 67
Karmiloff-Smith, A.　1, 2, 27, 31, 32, 41,
　62, 66, 67
Kempe, V.　4, 10, 37, 48, 55, 59, 65, 66, 68
Kinzler, K. D.　28
小貫　悟　45
小山　正　1, 4, 6, 8-13, 16-18, 21-23, 25,
　37, 53, 54, 59, 70, 71, 77-80, 90, 95, 96,
　98, 99, 105-107
Koyama, T.　13, 43, 81
鯨岡　峻　10

L

Lakoff, G.　28, 29
Lalonde, C. E.　5
Langacker, R, W.　28
Legerstee, M.　3, 95

L

Leslie, A. M.　48, 49
Lohmann, H.　88
Lund, N.　107

M

Mandler, J. M.　2, 29, 50, 52, 54, 62
Marcus, G.　66
増山真緒子　13
Mayor, J.　62
McCune, L.　2, 5, 6, 12, 16, 21, 22, 27, 36,
　41, 56, 59, 67, 77, 96, 102, 103
McGregor, K. K.　56
McMurry, B.　62
McShane, J.　36, 37, 75
Meins, E.　96, 97
Meltzoff, A. N.　26, 93-95
Merleau-Ponty, M.　102, 103
Miller, M. R.　104
Mills, D. L.　41
Mitchell, C.　62
Moro, C.　15, 26
村井潤一　3, 37, 106
村田孝次　15, 16, 37, 38, 53

N

Nagel, J.　101
名越斉子　45
Naigles, L.　53, 66
仲本康一郎　26, 29, 66
Nazzi, T.　30, 31, 60, 63
Nelson, K.　63, 76, 78, 79, 81, 88, 89, 91,
　99
Ninio, A.　65-69, 71-73, 83
西村辨作　105

O

小椋たみ子　8, 35, 38-40, 57, 66
大久保　愛　37
岡本夏木　9, 15, 18, 19, 104, 105
Onisni, K.　92, 93

索　引　127

Ornaghi, V.　91
O'Tool, C.　82

P

Peltzer-Karpf, A.　65, 66, 69
Peskin, J.　92
Piaget, J.　1, 2, 6, 28, 32, 35, 36, 47, 87, 101, 103, 107
Pinker, S.　26, 30, 37, 50-52, 103, 104, 107
Plunkett, K.　62
Poulin-Dubois, D.　47, 52
Pyers, J. E.　92

R

Reznick, J. S.　60, 75
Roy, P.　84

S

Saffran, J. R.　25, 66
Samuelson, L. K.　26
Senju, A.　93
篠原郁子　97
Shore, C. M.　77, 79-81
Smith, L.　26
Smith, L. B.　29, 30, 32, 33
Southgate, V.　93, 94
Spelke, E. S.　25, 28
Swenson, L. D.　66

T

Tager-Flusberg, H.　49
Talmy, L.　28

寺嶋秀明　12
Terman, L. M.　38
Thelen, E.　29, 30, 32, 33
Thomas, M. S. C.　32, 62
Tomasello, M.　1, 7, 15, 17, 87
Torkildsen, J.　60
坪倉美佳　6

U

上野一彦　45

V

Varela, F.　32
Vauclair, J.　19, 20
von Koss Torkildsen, J.　60, 62
Vygotsky, L. S.　12, 103, 104

W

綿巻　徹　66
Werker, J. F.　5, 25, 47
Wellman, H. M.　87
Wells, C. G.　81
Werner, H.　3, 5, 6, 16-18, 22, 44, 68, 103
Westby, C. E.　97, 98
Westermann, G.　66, 68

Y

やまだようこ　3, 10
山口俊郎　4
山梨正明　54
Yeung, H. H.　25, 47

【著者紹介】

小山　正（こやま　ただし）
神戸学院大学心理学部教授
博士（学術）
　主著に，『乳幼児期のことばの発達とその遅れ―保育・発達を学ぶ人のための基礎知識』（共著，ミネルヴァ書房，2015），『言語獲得期にある子どもの象徴機能の発達とその支援』（単著，風間書房，2009），『言語獲得期の発達』（編著，ナカニシヤ出版，2008），『乳幼児臨床発達学の基礎―子どもと親への心理的サポート』（編著，培風館，2006）など。

言語発達

2018 年 12 月 20 日　初版第 1 刷発行　（定価はカヴァーに表示してあります）

著　者　小山　正
発行者　中西　良
発行所　株式会社ナカニシヤ出版
☎606-8161　京都市左京区一乗寺木ノ本町 15 番地
　　　　　　　　　　Telephone　　075-723-0111
　　　　　　　　　　Facsimile　　075-723-0095
　　　　　Website　　http://www.nakanishiya.co.jp/
　　　　　E-mail　　iihon-ippai@nakanishiya.co.jp
　　　　　　　　　　郵便振替　01030-0-13128

装幀＝白沢　正／印刷・製本＝創栄図書印刷
Copyright © 2018 by T. Koyama
Printed in Japan.
ISBN978-4-7795-1287-2
◎本書のコピー，スキャン，デジタル化等の無断複製は著作権法上での例外を除き禁じられています。本書を代行業者等の第三者に依頼してスキャンやデジタル化することはたとえ個人や家庭内の利用であっても著作権法上認められておりません。